Amazon Echo

Das umfangreiche Handbuch für Echo, Echo Dot und Alexa

Schritt für Schritt Anleitungen, Skills, IFTTT, wichtige Einstellungen, Easter Eggs, uvm.

Inhalt:

Vorwort

Vielen Dank für den Kauf des Buches "Amazon Echo - Das umfangreiche Handbuch für Echo, Echo Dot und Alexa". Hier finden Sie Schritt-für-Schritt Anleitungen, sowie umfassende Sammlungen von Tipps und Tricks, mit denen Sie das Maximum aus Ihrem smarten Lautsprecher herausholen können. Zudem werden Sie lernen, dieses Wunderwerk der Technik produktiv in Ihren Alltag einzubinden.

In den vergangenen zehn Jahren bekamen sprachgesteuerte Geräte einen ganz neuen Stellenwert in unserem digitalen Alltag. Damals wäre es unmöglich gewesen, sich ein Gerät vorzustellen, das auf die menschliche Sprache reagiert und gesprochene Befehle umsetzt. Heutzutage ist das, was damals noch klang wie aus einem Science-Fiction Film entsprungen, Realität. Sprachgesteuerte Geräte sind in den Wohnungen, Autos und Taschen von Millionen Menschen auf der ganzen Welt nicht mehr wegzudenken.
Beim Thema Sprachsteuerung denken die meisten Menschen zuerst an Apples Sprachassistenten "Siri" oder den Google Assistent, der sich auf nahezu jedem Android Smartphone mit "OK Google" aktivieren lässt. Diese Unternehmen haben sehr viel Geld und Zeit investiert, um ihre Assistenten technisch weiterzuentwickeln und sie durch geschicktes Marketing in unseren Köpfen zu verankern.

Kommt dagegen Amazon Echo oder Alexa zur Sprache, so ist dieses Gerät den meisten Personen noch absolut unbekannt. Dies liegt hauptsächlich daran, dass die Echo Geräte erst seit Oktober 2016 in Deutschland erhältlich sind und bis Februar 2017 nur ausgewählte Kunden das Gerät über ein Einladungs-System bestellen durften.

Der größte Unterschied von Echo im Vergleich mit den bekannten Systemen von Apple und Google ist, dass die bisherigen Sprachassistenten erst nach dem Entsperren des Smartphones bzw. Notebooks (Microsoft Cortana) zur Verfügung stehen. Amazon Echo dagegen ist „stets zu Ihren Diensten“ und reagiert sofort, wenn Sie in Ihrer Reichweite das Aktivierungswort nennen.

Was sind weitere Unterschiede zu den bekannten Größen wie Siri, Cortana und Googles Assistent? Welche Vorteile hat der Amazon Echo Lautsprecher, die bisherige Geräte nicht bieten können? Und mit welchen Befehlen, Skills und zusätzlicher Hardware können Sie dieses Gerät sinnvoll einsetzen und erweitern?

Auf den folgenden Seiten werden Sie vieles erfahren, was Sie über Amazon Echo wissen möchten und wie sie das volle Potenzial ausschöpfen können. Durch die Anwendung der vorgestellten Anleitungen und Tipps wird Ihr Echo in Ihrem Alltag zu einem unverzichtbaren (digitalen) Familienmitglied.

Viel Spaß mit diesem Buch und Ihrem Amazon Echo

1. aktualisierte Auflage - Stand: November 2017

1 - Was ist Amazon Echo

Allgemeine Erklärung

Amazon Echo ist ein von Amazon entwickelter intelligenter Lautsprecher, der in den Vereinigten Staaten am 06. November 2014, in Deutschland dagegen erst am 26. Oktober 2016 eingeführt wurde. Zu Beginn der Markteinführung in den USA konnte das Gerät ausschließlich von Amazon Prime Mitgliedern bestellt werden. Seit 23. Juni 2015 können alle amerikanischen Kunden eine Bestellung tätigen. In Deutschland war die Bestellung anfangs ebenfalls noch Prime Mitgliedern mit entsprechender Einladung vorbehalten. Seit dem 13. Februar 2017 kann das Gerät auch hierzulande regulär gekauft werden. Im Herbst 2017 wurde die Echo-Familie überarbeitet. Der neue Echo (2. Generation) besitzt nun ein neues rundliches Design sowie etwas geringere Abmessungen als das erste Modell. Das Gehäuse des Ur-Echo wird ab sofort vom neuen Echo Plus beansprucht.

Amazon Echo ist insgesamt in sieben Versionen erhältlich. Den Einstieg bildet das kleinste Gerät, der Echo Dot. Im Gegensatz zum Echo und Echo Plus ist dieses Modell kleiner und besitzt nur einen einfachen Lautsprecher für die Sprachausgabe. Der Echo Dot wurde konzipiert, um ihn mit einem Bluetooth Lautsprecher oder einer HiFi-Anlage zu verbinden. Das reguläre Modell Echo wird seit Ende 2017 vom neuen Echo Plus ergänzt, welcher im Gegensatz zu allen anderen Modellen die Steuerung von den meisten Smart-Home Geräten ohne zusätzliche Bridges oder Gateways erlaubt. Das derzeit teuerste Modell, Echo Show, besitzt als erstes Gerät der Echo-Familie einen integrierten 7“ Bildschirm.

Die übrigen Modelle Echo Spot, Echo Tap, und Echo Look sind derzeit nur in den Vereinigten Staaten erhältlich. Die Unterschiede liegen hier im integrierten Akku (Tap) und der integrierten Kamera (Look). Der Echo Spot ist eine Miniaturversion des Echo Show mit integriertem Bildschirm und dem Design einer kleinen Kugel.

Alle Geräte besitzen die Fähigkeit, Fragen zu beantworten, andere intelligente Geräte zu steuern, Musik abzuspielen, sowie - per Bluetooth gekoppelt - die Audioinhalte anderer Geräte wiederzugeben. Sie hören permanent auf das Aktivierungswort "Alexa", das wahlweise geändert werden kann.

Im Hintergrund arbeitet nach der Aktivierung durch das Aktivierungswort ein Cloudbasierter Sprachdienst (Amazon Voice Service), der alle Anfragen bearbeitet. Durch die Cloud-Technologie wird Alexa immer intelligenter und kann von Amazon permanent weiterentwickelt werden, um so noch besser auf Ihre persönlichen Bedürfnisse und Spracheigenschaften zu reagieren. Je mehr Sie mit Alexa interagieren, desto mehr passt es sich Ihren Vorlieben an. Gleichzeitig bedeutet dies aber auch, dass Alexa nur dann funktionieren kann, wenn eine Verbindung mit dem Internet besteht.
Zukünftig soll der Alexa-Voice-Service auch in andere intelligente Geräte wie beispielsweise Kühlschränke integriert werden.

Technische Features

Amazon Echo (2. Generation) ist ein in sechs verschiedenen Designs und Materialien erhältlicher, zylindrischer 14,8cm hoher Lautsprecher, mit einem Durchmesser von 8,8cm. Er besitzt einen 63mm Subwoofer für tiefe Basstöne, sowie einem 16mm Hochtonlautsprecher für die höheren Tonlagen. Die Dual-Lautsprecher sind perfekt abgestimmt, so dass sie mittelgroße Räume mit intensivem Klang füllen können. Die beiden Lautsprecher geben ihren Ton nach unten ab und erzeugen dadurch einen 360° omnidirektionalen Audioeffekt.
Auf der Oberseite des Gehäuses sind vier Tasten zu finden. Zwei zum Ändern der Lautstärke, eine weitere Taste dient zum Deaktivieren der Mikrofone, die vierte kann statt dem Nennen des Aktivierungsworts verwendet werden. Rückseitig ist ein Stromanschluss und ein 3,5mm Audioausgang integriert. Der kleine Echo Dot, ist bei identischem Durchmesser 3,2cm hoch. Er besitzt lediglich einen kleinen Hochton-Lautsprecher für Sprachfeedback. Dieser wird genutzt, falls kein externer Lautsprecher verbunden ist.

Der neue Echo Plus unterscheidet sich vom Echo (2. Generation) durch die integrierte Smart-Home Bridge, dem größeren Hochtonlautsprecher (20mm) und die mit 23,5 x 8,4 x 8,4 cm ebenfalls etwas größeren Geräteabmessungen. Weiterhin ist zum Ändern der Lautstärke ein drehbarer Ring am Gehäuse vorhanden.
Ohne separaten Audioausgang, jedoch mit integriertem 7 Zoll Bildschirm und zwei 55mm Stereolautsprechern bildet der Echo Show derzeit das Topmodell der Echo-Familie

Abgesehen von diesen Unterschieden besitzen alle Geräte mindestens sieben Mikrofone, die über Richtstrahl-Technologie und Geräuschunterdrückung verfügen. Dies ermöglicht eine bestmögliche Spracherkennung aus allen Richtungen, sogar in lauter Umgebung oder während dem Abspielen von Musik.

Für eine stabile und schnelle Netzwerkverbindung wird ein Dualband-Dual-Antennen-Wi-Fi (MIMO) -Chip verwendet. Die Netzwerkstandards 802.11a / b / g / n werden unterstützt, es ist jedoch keine Verbindung zu Peer-to-Peer oder Ad-hoc WI-FI-Netzwerken möglich.
Um eine Verbindung zu Ihrem mobilen Gerät herzustellen, verfügt der Amazon Echo über einen integrierten Bluetooth Chip. Das A2DP (Advanced Audio Distribution Profile) ermöglicht es, Audio von Ihrem Smartphone, Tablet oder PC zum Echo zu streamen. Als Freisprecheinrichtung zum Telefonieren kann das Gerät indes nicht genutzt werden.

Jedes Gerät, das Sprachbefehle empfangen und auf diese reagieren kann, muss über eine leistungsfähige Hardware verfügen. Im Echo werkelt deshalb ein ARM Cortex-A8 Prozessor von Texas Instruments zusammen mit 256 MB RAM und 4 GB Flash-Speicher. Ein Akku ist derzeit nur im Echo Tap verbaut, für die anderen Geräte sind externe Akkus als Zubehör erhältlich.

2 - Die erste Einrichtung Ihres Amazon Echo

Schritt für Schritt Setup

Amazon legt den Echo Geräten ausschließlich eine kleine Schnellstart-Anleitung bei, die nur Aufschluss über die Anschlüsse und die Bedienelemente des jeweiligen Geräts gibt. Die Alexa App oder Website übernimmt dann die weitere Assistenz durch den Setup-Prozess.
Hier finden Sie darüber hinaus eine ausführliche Schritt für Schritt Anleitung zur ersten Inbetriebnahme.

Bevor Sie mit der Einrichtung beginnen, sollten Sie sich folgendes notieren:

- Den Namen ihres WLAN-Netzwerks (auch als SSID bezeichnet)
- Das Passwort zu Ihrem WLAN-Netzwerk

Beide Angaben finden Sie entweder auf dem rückseitigen Etikett Ihres Routers oder im Konfigurationsmenü, sofern Sie die Daten angepasst haben.

Tipp:
Spätestens im Zuge des Echo-Setups sollten Sie ebenfalls sicherstellen, dass Sie ein sicheres Kennwort für Ihren Amazon-Account vergeben haben. Sämtliche Daten von Alexa werden auch von jedem mit dem Internet verbundenen PC erreichbar sein, weshalb es unerlässlich ist, ein komplexes Kennwort für Ihr Amazon Konto einzustellen.

1. Packen Sie Ihr neues Gerät aus und entfernen Sie alle Schutzfolien
2. Verbinden Sie Ihren Echo mit dem mitgelieferten Netzteil und stecken Sie dieses in eine geeignete Steckdose
3. Installieren Sie sich die Alexa-App auf Ihrem Smartphone oder Tablet. Dazu rufen Sie die Adresse http://alexa.amazon.de mit Ihrem mobilen Browser auf oder suchen Sie im PlayStore (Android) oder App-Store (iOS) nach “amazon echo”. Bitte achten Sie darauf, die App vom Herausgeber “**Amazon Mobile LLC**” zu installieren, da bereits sehr viele Apps von anderen Anbietern mit ähnlicher Bezeichnung vorhanden sind, die sich jedoch nicht zur Einrichtung eignen.
4. Beginnen Sie mit der Einrichtung in der App durch die Bestätigung der Nutzungsbedingungen und einem Klick auf “Einrichtung starten”
5. Wählen Sie den Gerätetyp, der eingerichtet werden soll
6. Legen Sie die Sprache fest, in der Sie mit dem Echo kommunizieren möchten und bestätigen Sie mit “Weiter”
7. Nun beginnt die App damit, den Echo mit Ihrem heimischen WLAN-Netzwerk zu verbinden. Betätigen Sie dazu den Button “Mit WLAN verbinden”
8. Sofern Sie den Echo, wie bereits in Schritt 2 beschrieben mit dem Netzteil verbunden haben, sollte der Leuchtring auf der Oberseite orange leuchten und Sie können durch einen Klick auf “Weiter” fortfahren
9. Die App sucht nun nach Ihrem Echo, was bis zu zwei Minuten Zeit in Anspruch nehmen kann. Anschließend erscheint die Meldung “Mit Echo verbunden”. Ihr Smartphone hat sich nun mit dem WLAN des Echo verbunden und Sie können die Einrichtung mit der Schaltfläche “Weiter” fortsetzen

10. Wählen Sie auf dem nun folgenden Bildschirm im Abschnitt “Weitere Netzwerke” das Netzwerk mit dem Namen (SSID) aus, welches Sie sich zu Beginn notiert haben. Sollte Ihr Netzwerk nicht aufgeführt sein, können Sie die Netzwerksuche mit dem Punkt “Erneut suchen” wiederholen
11. Geben Sie Nach der Auswahl des Netzwerks das Zugehörige WLAN-Passwort ein und wählen Sie “Verbinden”, Ihr Echo verbindet sich nun mit Ihrem Heimnetzwerk. Dieser Schritt kann einige Minuten dauern
12. Sobald die Verbindung erfolgreich abgeschlossen wurde, erscheint die Meldung “Einrichtung abgeschlossen”. Das grundlegende Setup ist damit beendet
13. Im folgenden Schritt steht noch ein Video zur Verfügung, das die grundlegende Funktionsweise des Echo-Geräts erläutert

Ihr neuer smarter Assistent ist jetzt eingerichtet und Sie können ihn mit dem Wort “Alexa” aufwecken. Daraufhin leuchtet der LED-Ring auf der Oberseite des Geräts blau auf, um Ihnen zu signalisieren, dass Alexa nun zuhört. Starten Sie beispielsweise Ihren Lieblings- Radiosender, indem Sie sagen “Alexa - Spiele Antenne Bayern auf Tunein”. Alexa wird dies nach einer kurzen Pause zur Datenübertragung quittieren und den Sender abspielen.
Zum Beenden sagen Sie “Alexa - Stopp”. Weitere verfügbare Sprachbefehle finden Sie im Kapitel 3 “Interaktion mit Alexa”.

Die Alexa-Web-Oberfläche im Detail erklärt

Da das komplette Echo-System wie bereits zu Beginn erwähnt cloudbasiert ist, haben Sie neben der App auch die Möglichkeit, alle im Folgenden beschriebenen Punkte bequem am PC anzusehen und zu ändern. Rufen Sie dazu einfach die Seite http://alexa.amazon.de auf und melden Sie sich mit Ihrem Amazon Benutzerkonto an.

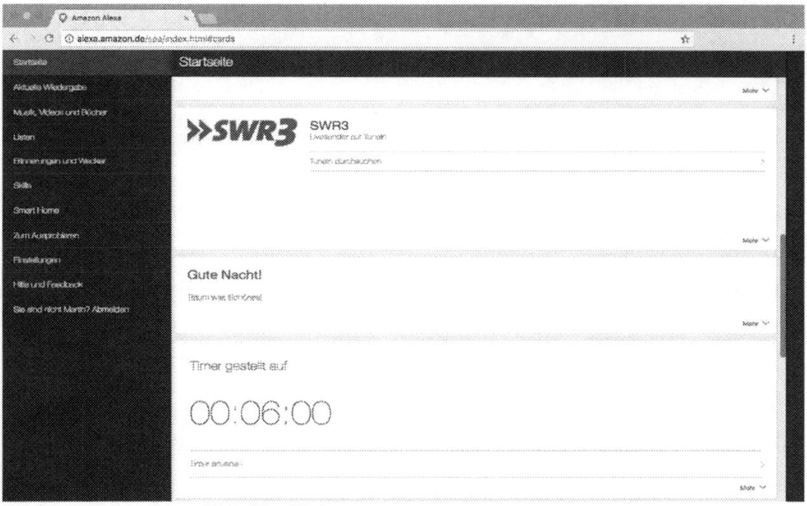

Die Startseite der Alexa Web-Oberfläche

Startseite

Nach dem Start der App bzw. dem Anmelden auf der Website finden sie auf der Startseite sogenannte "Karten", die bei jeder Interaktion mit Alexa erstellt werden. Anhand dieser Karten können Sie Alexas Aktivitäten überprüfen oder je nach Kommando auch weiterführende Infos darüber abrufen. Sie enthalten entweder eine Beschreibung, ein Bild oder einen Link. Im Zusammenhang mit den Karten ist es auch möglich, Feedback an Amazon übermitteln, ob "Ihre" Alexa das gemacht hat, was sie wollten. Dieses Feedback hilft Amazon dabei, die Spracherkennung noch weiter zu verbessern.

Natürlich lassen sich Karten auch entfernen, falls diese Anfragen nicht mehr im Verlauf ersichtlich sein sollen.

Aktuelle Wiedergabe

Hier finden Sie Informationen zur Musikwiedergabe, zur Warteschlange und zum Verlauf.
Sofern Ihr Lautsprecher gerade etwas abspielt, besteht auch die Möglichkeit, die Lautstärke anzupassen, zum vorherigen/nächsten Titel zu springen oder die Wiedergabe zu pausieren bzw. zu beenden.

Musik, Videos und Bücher

Auf dieser Seite sind alle verbundenen Musikdienste wie beispielsweise Prime Music, TuneIn oder Spotify aufgelistet. Je nach Dienst kann die Musik direkt von hier gestartet werden (z.B. TuneIn, Amazon Prime Music). Im Bereich „Bücher" finden Sie, falls vorhanden, Ihre Audible Hörbücher. Direkt darunter werden Ihre auf Amazon gekauften Kindle-Bücher angezeigt, bei denen die Funktion Text-to-Speech (Vorlesemodus) aktiviert ist. Wählen Sie ein Buch aus, um es von Alexa vorlesen zu lassen. Falls mehrere Profile auf dem Echo eingerichtet wurden, besteht hier auch die Möglichkeit des Wechsels zur jeweiligen Bibliothek. Details dazu finden Sie auch im Kapitel 6 "Hinzufügen eines zweiten Amazon-Accounts".

Listen

Ihre aktuelle Einkaufsliste sowie To-Do-Listen erscheinen hier. Sagen Sie beispielsweise "Alexa - füge Kaffee zu meiner Einkaufsliste hinzu". Daraufhin wird "Kaffee" auf der Liste zu finden sein. Zum Abhaken oder Löschen einzelner Einträge ist es notwendig, diese Seite aufzurufen. Eine Erklärung dieser Funktionen finden Sie im Kapitel 12 „Die Papierlose Einkaufsliste"

Erinnerungen und Wecker

Hier werden aktive Erinnerungen, Timer und Wecker aufgeführt. Außerdem können Sie die jeweilige Weckzeit / Restlaufzeit überprüfen oder Töne und Lautstärke für Timer und Wecker ändern. Erinnerungen und Timer lassen sich aber sehr viel einfacher per Sprachkommando erstellen, sodass sie diese Seite wahrscheinlich nicht oft benötigen werden.
Sagen Sie beispielsweise “Alexa - stelle den Timer auf 10 Minuten”. Nun beginnt der Timer zu laufen. Eine Abfrage der Restlaufzeit ist durch das Kommando “Alexa - wie lange läuft der Timer noch?” möglich. Bereits vor Ablauf eines Timers können parallel weitere Timer eingestellt werden.

Skills

Ein großer Vorteil der Amazon Echo Familie ist die Erweiterbarkeit des Funktionsumfangs durch sogenannte Skills. Ähnlich wie bei Smartphones, die mit Apps erweitert werden können, lassen sich Alexas Fähigkeiten durch Skills optimieren. Auf dieser Seite finden Sie eine Sammlung aller bisher verfügbaren Skills sowie der Skills, die Sie bereits auf Ihrem Gerät aktiviert haben. Es ist möglich, hier neue Skills zu aktivieren. Wenn Sie den Namen des Skills kennen, den Sie aktivieren möchten, lässt es sich auch ohne App per Sprachkommando erledigen: “Alexa - aktiviere Sportschau”

Smart Home

Dieser Menüpunkt ermöglicht es Ihnen, Ihre unterstützten Smart-Home Gerät mit dem Echo-Lautsprecher zu verbinden, verschiedene Smart-Home-Skills hinzuzufügen oder die vorhandenen Geräte in Gruppen zusammenzufassen.

Zum Ausprobieren
Eine interessante Auswahl an möglichen Kommandos und Fragen, die Sie an Alexa stellen können ist hier aufgeführt. Diese Seite wird permanent aktualisiert, es kann also hilfreich sein, sie in gewissen Abständen erneut aufzurufen.

Einstellungen
Hier finden Sie alle Einstellungen Ihres Echo-Geräts und können diese nach Bedarf anpassen. Die wichtigsten Einstellungen werden in den folgenden Kapiteln noch detailliert beschrieben.

Hilfe und Feedback
Über diesen Punkt kann Feedback an Amazon gesendet werden. Außerdem finden Sie hier die Benutzerhandbücher zu Alexa, dem Echo und dem Echo Dot Gerät.

Besonderheiten der Alexa-App

Trotz der geräteunabhängigen Lösung auf Cloud-Basis sind einige Funktionen wie Routinen oder Unterhaltungen derzeit ausschließlich über die Alexa-App erreichbar.

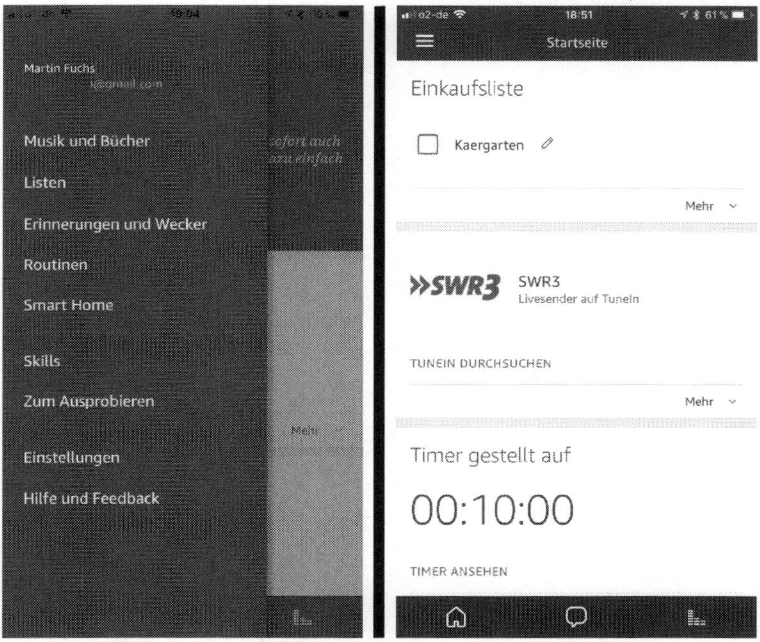

Menü und Startseite der Alexa-App

Routinen

Hier haben Sie die Möglichkeit eigene Abläufe anzulegen, welche dann mithilfe eines individuellen Aktivierungsbefehls gestartet werden. Verfügbare Elemente dazu sind derzeit Nachrichten, Verkehr, Smart Home und Wetter. Beispielsweise könnten Sie festlegen, dass bei dem Befehl „Alexa – ich bin zu Hause“ zuerst Ihre Beleuchtung eingeschaltet wird, danach die Nachrichten aus Ihrer täglichen Zusammenfassung gespielt werden und sie zuletzt noch den Wetterbericht erhalten.

Unterhaltungen

Am unteren Rand der App finden Sie drei Symbole, das Mittlere - eine Sprechblase- bringt Sie zur Funktion Unterhaltungen. In diesem Bereich der Alexa App finden Sie all Ihre Nachrichten, die sie mit Ihrem Echo oder der App verschickt, bzw. empfangen haben. Alle Nachrichten werden transkribiert und in Textform dargestellt, selbst wenn diese ursprünglich als Sprachnachricht verschickt wurden.

Zudem können Sie hierüber auch neue Nachrichten versenden oder Anrufe tätigen. Weitere Informationen dazu finden Sie im Kapitel 11 „Telefonieren und Sprachnachrichten versenden“

3 - Interaktion mit Alexa

Nun ist Ihr neues Gerät eingerichtet und sie stellen sich möglicherweise die Frage, was dieser zylindrische Lautsprecher denn besonderes kann, warum er so hochgelobt wird.

In der Tat ist es zu Beginn ungewohnt, sich mit einem Lautsprecher zu „unterhalten“, doch schon bald werden Sie die Assistenz von Alexa nicht mehr missen wollen.

Hier finden Sie ein paar Beispiele, die Ihnen den speziellen Nutzen eines sprachgesteuerten Assistenten aufzeigen sollen.

Lassen Sie sich von Alexa auf den neuesten Stand bringen
Alle für Sie relevanten Infos, gebündelt und übersichtlich. Durch die freundliche Nachfrage „Alexa – mein Update bitte“ erhalten Sie Infos zum Wetter, ihre persönlichen Termine und ausgewählte aktuelle Nachrichten.

Fragen Sie Alexa nach den Spielergebnissen Ihres Lieblingsvereins
Ihr Verein hatte ein wichtiges Match, aber wie es so ist, konnten Sie die Partie aufgrund eines anderen Termins nicht mitverfolgen oder sie fand derart spät statt, dass Sie einfach schon im Bett waren, als der Schlusspfiff fiel?
Dank Alexa kein Problem. Fragen Sie am nächsten Morgen während Sie Ihr Frühstück zubereiten einfach “Alexa - Wie hat der FC Bayern gespielt?”.

Spielen Sie Ihre Lieblingsmusik

Gestern dieses neue Lied von Adele gehört oder einfach nur Lust auf etwas Rockiges? Sagen Sie einfach "Alexa - spiele Musik von Adele" oder "Alexa - Spiele Rockmusik", schon werden Ihre musikalischen Wünsche erfüllt.

Sollten Sie den kostenpflichtigen Service „Amazon Music Unlimited“ abonniert haben, erkennt Alexa auch Textpassagen, sowohl in Deutsch als auch in Englisch. Das Kommando „Alexa – Spiele das Lied mit dem Text - Liebe wird aus Mut gemacht“ sorgt beispielsweise für die Wiedergabe des Klassikers „Irgendwie Irgendwo Irgendwann“ von Nena.

Lassen Sie sich an wichtige Dinge erinnern

Natürlich fallen Ihnen die wichtigsten Dinge immer gerade dann ein, wenn Sie keinen Zettel und Stift zur Hand haben. Mit Alexa in Ihrer Nähe werden Sie auch ganz ohne schriftliche Notiz zum Wunschzeitpunkt daran erinnert. "Alexa – Erinnere mich daran, Michaela am Dienstag um 17 Uhr anzurufen".

Fragen Sie nach interessanten Fakten

Wie hoch war doch gleich die Zugspitze oder wie alt ist Angela Merkel? Alexa wird es Ihnen beantworten - fragen Sie einfach: "Alexa - Wie hoch ist die Zugspitze?"

Hören Sie Ihr Lieblings-Radiosender aus dem Urlaub

Gerade zurück aus Mallorca und die ganze Zeit zu den Klängen des Ballermann Radio gefeiert? "Alexa - spiele Ballermann Radio von TuneIn". Schon geht die Party bei Ihnen zu Hause weiter.

Schalten Sie Steckdosen ein und aus

Im Zusammenspiel mit smarten Steckdosen (z.B. TP-Link HS110, ab etwa 35 Euro) schalten Sie beliebige Geräte einfach via Sprache ein und aus. Dabei lässt sich jede Steckdose individuell benennen. "Alexa - Schalte die Stehlampe aus" wird ihnen dann den Weg zurück ins Wohnzimmer ersparen.

Rechnen Sie Einheiten um

Sie sind am Kochen und sollen vier Esslöffel der Currypaste in die Soße geben - leider ist das Glas so klein, dass nur ein Teelöffel in die Öffnung passt. Alexa rechnet für Sie um. „Alexa - Wie viel Teelöffel sind vier Esslöffel?".

Erkundigen Sie sich nach dem aktuellen Kinoprogramm

Haben Sie schon alle Filme aus dem Prime-Video-Angebot gesehen? Alexa verrät Ihnen, was gerade in Ihrem Kino läuft. „Alexa - Was läuft im Kino?". Falls Sie bereits eine Auswahl getroffen haben und nur noch die Spielzeit benötigen, sagen Sie: „Alexa - Wann läuft [Filmtitel] im Kino?"

4 - Standard Sprachbefehle

Nachfolgend finden Sie die wichtigsten Sprachbefehle zur grundlegenden Interaktion mit Alexa. Es gibt unzählige weitere Befehle und täglich kommen Neue hinzu. Falls Sie sich unsicher sind, ob Alexa einen Befehl erkennt, trauen Sie sich einfach und fragen Sie nach - schlimmstenfalls hören Sie ein "Entschuldigung - Das weiß ich leider nicht".

Alle Sprachbefehle setzen selbstverständlich das Nennen des Aktivierungsworts voraus.

Allgemein

„Stopp“	Stoppt die aktuelle Wiedergabe
"Lautstärke auf 4" (0-10)	Setzt die Lautstärke direkt auf ein Level
„Ton aus“	Mute
„Ton an“	Mute aus
„Wiederholen“	Wiederholt das zuletzt Wiedergegebene
„Abbrechen“	Bricht die aktuelle Aktion ab
„Lauter“	Erhöht die Lautstärke um eine Stufe
„Leiser“	Verringert die Lautstärke um eine Stufe
„Hilfe“	Gibt Tipps, je nach aktuellem Modus

Tipp: Generell ist Alexa bei der Erkennung der Befehle sehr flexibel. Es spielt keine Rolle, ob Sie "Stopp", "Halt" oder "Aus" sagen.

Musik- und Mediensteuerung

"Was läuft gerade?"	Nennt Album, Titel und Interpret des aktuellen Titels
"Pause"	Pausiert die Wiedergabe
"Fortsetzen"	Setzt die Wiedergabe fort
"Nächster Song"	Springt zum nächsten Lied
"Endloswiedergabe"	Gibt den aktuellen Titel in Endlosschleife wieder
"Diesen Song wiederholen"	Wiederholt den aktuellen Song einmal
"Stoppe in 30 Minuten mit der Musikwiedergabe"	Sleep-Timer für 30 Minuten
"Beende den Einschlaftimer"	Sleep-Timer abbrechen
"Füge diesen Song hinzu" (bei Prime Music)	Fügt den aktuellen Titel Ihrer Bibliothek hinzu
"Daumen hoch" (bei Radiosendern)	Bewertet den aktuellen Titel positiv
"Daumen runter" (bei Radiosendern)	Bewertet den aktuellen Titel negativ

Tipp: Mit “Weiter” bzw. “Zurück” können Sie sich durch die aktuelle Playlist bewegen.

DJ-Funktion (für Prime- und Music Unlimited Kunden)

„Spiele etwas Fröhliches von [Interpret]“	Spielt fröhliche Musik des Künstlers
„Spiele ruhige Musik von [Interpret]“	Spielt langsamere Musik des Künstlers
„Spiele die beliebtesten Songs von [Band]“	Spielt die Top-Hits der Band/ des Interpreten
„Spiele [Musikrichtung] aus [Jahr]“ z.B.: „Spiele Eurodance aus den 90ern“	Spielt Titel eines Musikgenres aus einem Jahr
„Spiele [Künstler] aus [Jahr]“ z.B.: „Spiele Lady Gaga aus 2008“	Spielt Titel eines Künstlers aus einem Jahr
„Spiele das aktuelle Album von [Künstler]“	Spielt das neueste Album eines Künstlers
„Spiele langsame [Musikrichtung]“ z.B.: „Spiele langsame Kindermusik“	Spielt eher ruhigere Musik eines Genres
„Spiele schnelle [Musikrichtung]“ z.B.: „Spiele schnelle Popmusik“	Spielt heitere Musik eines Genres
„Spiele den Titel mit dem Text [beliebige Textzeile aus einem Lied]“ z.B.: „Spiele den Titel mit dem Text - Großes Kino für uns zwei“	Spielt einen bestimmten Titel mit der entsprechenden Textzeile. Funktioniert mit Deutschen und Englischen Titeln (nur mit Music Unlimited Abo)

Tipp: Seien Sie kreativ bei den Kommandos an Alexa – wird ein Befehl nicht verstanden, versuchen Sie es mit einer anderen Kombination oder Reihenfolge.

Hörbücher (für Audible-Kunden)

“Spiele das Hörbuch [Titel] ab”	Startet das gewünschte Hörbuch
“Nächstes / vorheriges Kapitel”	Springt zum nächsten/vorherigen Kapitel
“Gehe zu Kapitel 2”	Direktanwahl des gewünschten Kapitels
“Neustart”	Spielt das aktuelle Hörbuch von vorn

Tipp: Alexa liest Ihnen auch ohne Audible-Abonnement die auf Amazon gekauften eBooks vor, wenn bei diesen die Funktion Text-to-Speech (Vorlesemodus) aktiviert ist.
Sagen Sie dazu „Alexa - lies mein eBook [Buchtitel] vor“.

Erinnerungen und Wecker

„Stelle den Wecker auf 7:30 Uhr“	Erstellt einen einmaligen Wecker
„Stelle einen wiederholten Alarm für Freitag um 15:00 Uhr“	Sich wiederholender Wecker
„Stelle den Timer auf 10 Minuten“	Stellt den Timer auf 10 Minuten
„Stelle den [Tee] Timer auf 5 Minuten“	Stellt einen Timer mit individuellem Titel
„Wie lange läuft der Timer noch?“	Gibt Restlaufzeit des Timers aus
„Auf wann ist mein Wecker eingestellt?“	Teilt aktive Wecker mit
„Stelle den Wecker für [Zeit / Tag] ab“	Deaktiviert den gewünschten Wecker
„Welche Timer sind eingestellt?“	Teilt aktive Timer mit

„Erinnere mich am Mittwoch um 10 Uhr daran, Andreas abzuholen“	Erstellt eine Erinnerung mit entspr. Notiz für den kommenden Mittwoch, 10 Uhr
„Stopp“ (wenn der Wecker oder Timer ertönt)	Stoppt den Alarmton
„Schlummern“ (wenn der Wecker ertönt)	Lässt den Wecker schlummern
„Beende den Timer für 10 Minuten“	Storniert einen bestimmten Timer

Tipp: Zum Beenden eines Weckers oder Timers kann alternativ zum Sprachkommando auch die Aktionstaste auf der Oberseite des Echos gedrückt werden.

Wetter

"Wie ist das Wetter?"	Aktueller Wetterbericht (Gerätestandort)
"Wird es morgen regnen?"	Wetterbericht für morgen (Gerätestandort)
"Wie wird das Wetter in [Ort] am Wochenende?"	Wetterbericht fürs Wochenende (Wunschort)
"Wie ist das Wetter in [Ort]?"	Aktueller Wetterbericht (Wunschort)
"Was ist die Vorhersage für [Ort]?"	Wetteraussichten für Wunschort
"Wird es am Montag schneien?"	Wetterbericht für Montag (Gerätestandort)

Tipp: Wenn Sie nach dem Wetter fragen, aber keine Ortsangabe nennen, bezieht sich der angesagte Wetterbericht immer auf den Gerätestandort, der in der Alexa-App hinterlegt ist. Sie können diesen jederzeit in der App oder über die Alexa-Website anpassen.

Sport

“Wie ist das Ergebnis von [Mannschaft]?”	Fragt das letzte Endergebnis ab
“Wie steht es gerade bei [Mannschaft]?”	Live-Abfrage während dem Spiel
“Wann ist das nächste Spiel von [Mannschaft]?”	Auskunft über das nächste Spiel

Smart Home

"Finde meine Geräte."	Verbindet aktive Smart-Home-Geräte
"Schalte das Licht in der Küche ein."	Schaltet das gewünschte Licht ein
"Dimme das Licht im Flur auf 20%."	Dimmt das gewünschte Licht auf 20%
"Schalte die Außendekoration ein."	Schaltet die gewünschte Steckdose ein
"Stelle die Haustemperatur auf 20 Grad."	Regelt die Temperatur aller Thermostate
"Senke die Temperatur im Schlafzimmer."	Senkt die Temperatur in einem Raum

Tipp: Manche Smart-Home-Geräte funktionieren ohne das Aktivieren eines zusätzlichen Skills. Dazu zählen beispielsweise Philips Hue oder Belkin Wemo Geräte. Für viele andere Geräte ist es allerdings notwendig, vor der Inbetriebnahme einen Skill zu aktivieren. Dies erledigen Sie ebenfalls bequem per Sprache mit dem Kommando “Aktiviere [Skill-Bezeichnung].
Kompatible Smart-Home-Geräte finden Sie hier:
https://www.amazon.de/alexasmarthome

5 – Echo Show

Der seit November 2017 in Deutschland erhältliche Amazon Echo Show ist das erste Gerät der Echo-Familie mit integriertem Bildschirm. Zusätzlich zu den Funktionen die alle anderen Echo-Geräte bieten, eröffnet der Echo Show durch den berührungsempfindlichen Touchscreen und die grafische Darstellung von Antworten ganz neue Interaktionsmöglichkeiten. Viele Ergebnislisten oder Suchresultate die bisher ausschließlich als Infokarte in der Alexa-App dargestellt wurden, können nun bequem am Gerät anschaut und durchsucht werden. Die integrierte Kamera ermöglicht zudem Video-Telefonate oder das Scannen von Produkt-Barcodes. Es ist zu erwarten, dass in Kürze vermehrt Skills und Funktionen entwickelt werden um das Potenzial des Echo Show komplett auszuschöpfen.

Zusätzliche Funktionen für Listen

Mithilfe des Befehls „Alexa – Zeige mir die Einkaufsliste“ bzw. „Zeige mit die To-Do-Liste“ lässt sich die aktuelle Liste auf dem Bildschirm anzeigen. Tippen Sie auf einen Eintrag um diesen zu ändern oder eventuell falsch verstandene Einträge zu ändern. Um eine Position komplett von der Liste zu löschen wischen Sie auf dem Eintrag nach links.

Rezepte anzeigen mit dem Chefkoch Skill

War es in der Vergangenheit immer etwas mühsam ein Rezept nur mithilfe der akustischen Anleitung zu kochen, so zeigt Ihnen der Echo Show zusammen mit dem Chefkoch-Skill nun auch alle Schritte auf dem Display an. Seit dem letzten Update des Skills pausiert der Echo zudem nach jedem Absatz und ermöglicht so ein strukturiertes entspanntes Kochen. Aktivieren Sie den Chefkoch Skill mit dem Befehl „Aktiviere Chefkoch“ und fragen Sie dann nach einem beliebigen Rezept, z.B. „Alexa – Frage Chefkoch nach Rezepten mit Reis“.

Nach der Auswahl eines Rezepts bringt Sie der Befehl „Nächster Schritt“ zum nächsten Zubereitungsschritt, „Wiederhole den Absatz“ wiederholt den letzten Schritt und „Hilfe“ gibt weitere Hilfestellungen aus.

Video-Skills

Die derzeit verfügbaren Video-Skills lassen sich nicht einzeln abspielen, sondern ausschließlich in die Tägliche Zusammenfassung integrieren. Zur Verfügung stehen die Skills „Tagesschau in 100 Sekunden“, „ZDFheute Xpress“, „WDR aktuell Video“ sowie „DW Kurznachrichten“. Wie Sie Ihre Tägliche Zusammenfassung anpassen lesen Sie im Kapitel 15.

Digitaler Bilderrahmen

Mit dem Befehl „Zeige meine Fotos“ lässt sich Ihr Echo Show auch in einen digitalen Bilderrahmen verwandeln. Er zeigt dann alle Bilder an, die in Ihren Prime-Fotos vorhanden sind. Um Bilder hinzuzufügen oder zu entfernen rufen Sie die Amazon-Seite www.amazon.de auf und klicken oben rechts auf „Mein Prime“. Scrollen Sie auf der neuen Seite nach unten bis zum Abschnitt „Mehr Vorteile mit Prime“ und wählen Sie dort den Eintrag „Prime Photos“. Nachdem Sie auf „Anmelden“ geklickt- und sich mit Ihren Amazon Zugangsdaten angemeldet haben, können Sie Ihre Bilder verwalten, löschen oder neue Aufnahmen hinzufügen. Die Optionen zur Darstellung der Bilder auf dem Echo Show finden Sie in den Einstellungen unter „Bildschirm“ > „Fotodiashow“.

Echo Show ausschalten

Um den Echo Show komplett auszuschalten halten Sie die Mikrofon-/Kamera-Taste (oben am Gerät ganz links) für etwa 3 Sekunden gedrückt und bestätigen die Meldung auf dem Bildschirm mit „OK“. Mit derselben Taste lässt sich das Gerät auch wieder einschalten.

Weitere Einstellungen

Weitere Gerätespezifische Optionen wie beispielsweise das Verhalten des Bildschirms im Standby-Modus oder die festgelegte Bitte-Nicht-Stören"-Zeit finden Sie in den Einstellungen. Um Diese aufzurufen wischen Sie vom oberen Bildschirmrand des Echos nach unten und wählen in der daraufhin erschienenen Leiste das Zahnrad-Symbol.

Nützliche Sprachbefehle

„Gehe zur Startseite"	Bringt Sie zurück zum Startbildschirm, Musik wird weiterhin abgespielt
„Scanne das"	Ermöglicht das Scannen eines Produkts oder Barcodes
„Mache ein Foto"	Aktiviert die Kamera und erstellt nach Auswahl des Kamera-Modus ein Foto. Dieses wird anschließend zu Prime-Fotos hochgeladen
„Was läuft auf Prime Video?"	Zeigt eine Auswahl aktueller Prime-Video Inhalte
„Zeige mir Alben" (funktioniert auch mit „Playlists", „Sender", „Serien" und „Filme")	Zeigt Ihnen eine Auswahl an Alben, Playlists, Sendern, Serien oder Filmen
„Scrolle nach rechts" bzw. „links"	Navigiert nach rechts oder links, wenn mehrere Ergebnisse angezeigt werden
„Wähle Nummer 5"	Wählt die Nummer 5 der angezeigten Ergebnisse
„Zeige meine Timer"	Zeigt die derzeit aktiven Timer an
„Bildschirm aus"	Schaltet den Bildschirm aus

6 - Hinzufügen eines zweiten Amazon-Accounts

Die Funktionen des Amazon Echo sind bereits jetzt sehr vielfältig. Er spielt Musik auf Zuruf, liest Nachrichten vor und erzählt Witze. Man erhält die Terminübersicht aus dem eigenen Kalender oder bekommt Informationen zum Verkehr auf der Strecke zur Arbeit. Das ist allerdings nur solange sinnvoll, wie nur ein einzelner Nutzer im Haushalt diese Informationen erfragen möchte. Glücklicherweise existiert die Funktion, Profile für zwei Nutzer anzulegen sodass jeder die Informationen erhält, die für ihn relevant sind.

Jedes Profil am Echo setzt ein eigenes Amazon Benutzerkonto voraus. Zudem ist es notwendig, dass die Digitalen Inhalte Ihres und des hinzuzufügenden Kontos in der Amazon „Familienbibliothek“ geteilt werden. Diese Familienbibliothek ermöglicht es, dass einmal gekaufte Inhalte allen Mitgliedern zur Verfügung stehen.
Vor dem Hinzufügen eines Amazon-Kontos zur Familienbibliothek sollten Sie bedenken, dass beide Kontoinhaber sich gegenseitig dafür autorisieren, die hinterlegten Zahlungsarten, die mit ihrem Konto verknüpft sind, für Einkäufe auf Amazon zu verwenden. Dies hat keinen Einfluss auf die aktuellen Zahlungseinstellungen. Jeder Nutzer hat aber die Option, die hinterlegten Zahlungsarten des anderen Kontos zu seinem Amazon-Konto hinzuzufügen und diese im Anschluss für Einkäufe auf Amazon zu nutzen.

Durch deaktivieren der Familienbibliothek oder wenn Sie ein Konto daraus entfernen, werden geteilte Zahlungsarten wieder gelöscht. Zudem tritt bei einer Trennung der beiden Konten eine 180-Tage Sperre in Kraft. Während dieser Zeit kann kein neues Konto zur Familienbibliothek hinzugefügt werden.

Auch das entfernte Konto kann in dieser Zeit keiner anderen Familienbibliothek beitreten. Diese Vorkehrungen wurden von Amazon getroffen um ein flexibles Wechseln zwischen verschiedenen Bibliotheken und dem damit verbundenen Content-Sharing Einhalt zu bieten.

Zum Einrichten eines zweiten Benutzers gehen Sie wie folgt vor:

1. Rufen Sie die Amazon-Seite unter amazon.de auf und wählen sie “Mein Konto”
2. Gehen Sie im Bereich “Digitale Inhalte” auf “Meine Inhalte und Geräte”
3. Wählen Sie den dritten Reiter “Einstellungen”
4. Unter Haushalte und Familienbibliothek klicken sie auf “Erwachsenen hinzufügen”
5. Lassen Sie das neue Mitglied sich mit seinem Amazon-Konto anmelden.
6. Nachdem sich der zweite Erwachsene angemeldet hat, wählen Sie “Ja” aus, um Ihre hinterlegte Zahlungsart, Amazon-Inhalte und -Dienste zu teilen
7. Der neu hinzugefügte Erwachsene muss sich nun noch über die Alexa-App oder die Alexa-Website (https://alexa.amazon.de) mit seinem Amazon-Konto anmelden und einmalig die dort notierten Geschäftsbedingungen akzeptieren

Ab sofort hat jeder Benutzer die Möglichkeit, seine eigenen Dienste (z.B. Spotify) zu verknüpfen oder eigene Playlisten anzulegen. Ebenfalls ist es möglich, die digitalen Inhalte von Amazon (z.B. Audible-Hörbücher) des jeweils anderen Benutzers anzuhören.

Das aktuell aktivierte Profil auf dem Echo erfahren sie mit dem Kommando "Welches Profil ist angemeldet".
Sollten Sie das Profil wechseln wollen, sagen Sie einfach "Wechsel das Profil" oder "Aktiviere das Profil von [Vorname]

Tipp: Die ToDo- und Einkaufslisten in der Alexa-App können von beiden verbundenen Konten eingesehen und geändert werden. Auch beim Erstellen eines neuen Eintrags über den Echo-Lautsprecher spielt es keine Rolle, welches Profil gerade aktiviert ist.

7 - Absichern / Deaktivieren von Sprachbestellungen

Kannten Sie bisher nur Assistenten, die nach dem Drücken einer Taste oder dem Einschalten des Smartphones aktiv waren, so hört Echo nun dauerhaft zu. Außerdem bietet Ihnen das Gerät -im Gegensatz zu den bisherigen Sprachassistenten - dank Amazon-Background die Möglichkeit, Bestellungen bequem per Sprache zu tätigen. Ob die Funktion sinnvoll ist oder nicht, hängt wohl von Ihrer ganz persönlichen Sicht auf die Dinge ab.

Um Sicherzustellen, dass nicht versehentlich eine Bestellung ausgelöst wird oder um zu vermeiden, dass jede Person in Alexas Hör-Reichweite eine Bestellung auf Ihre Kosten tätigen kann, sollten Sie die Einstellungen zum Spracheinkauf in jedem Fall anpassen. In den Standardeinstellungen ist das Einkaufen per Sprache aktiviert und nicht abgesichert.

Spracheinkauf deaktivieren
Die Einrichtung kann wie gewohnt über die App oder die Alexa-Website erfolgen.

1. Rufen Sie im Menü links den Punkt “Einstellungen”
2. Wählen Sie dort den Eintrag “Spracheinkauf”
3. Um den **Spracheinkauf** zu **deaktivieren**
   Schieben Sie den Schalter oben rechts bei “Spracheinkauf” nach links,
   dadurch wird diese Funktion komplett deaktiviert.

Spracheinkauf mit PIN absichern

Sollten Sie die Funktion Spracheinkauf verwenden wollen, ist es empfehlenswert, diese durch einen vierstelligen Code abzusichern. Sofern die Funktion Spracheinkauf noch eingeschaltet ist, erscheint auf der oben beschriebenen Seite ein Feld mit der Bezeichnung "Bestätigungscode anfordern". Tragen Sie dort den gewünschten Code ein und klicken Sie auf "Änderungen speichern".
Den Code fordert Alexa ab sofort beim Aufgeben einer Bestellung per Sprache an. Bitte beachten Sie, dass der PIN danach auch im Verlauf der Alexa-App zu sehen ist.

Tipp: Falls Sie mehrere Benutzer für Ihr Gerät eingerichtet haben, muss diese Deaktivierung oder PIN-Absicherung für jeden Benutzer separat erfolgen.

Bei aktiver Bestellfunktion per Sprache stehen Ihnen folgende Befehle zur Verfügung:

- "Bestelle [Artikel]"
- "Bestelle [Artikel] erneut"
- "Füge [Artikel] zu meinem Einkaufswagen hinzu"

Bei allen Befehlen erscheint parallel zu Alexas Sprachfeedback eine Informationskarte zu den jeweiligen Artikeln in Ihrer Alexa-App bzw. auf der Alexa-Website.

Unabhängig davon, ob Sie eine Bestellung über die Amazon-Website oder mithilfe von Alexa aufgegeben haben, können Sie sich von Alexa darüber informieren lassen, wann sie geliefert wird. Fragen Sie dazu einfach "Wo ist meine Bestellung".

8 - Ändern des Aktivierungsworts "Alexa"

"Alexa" ist das voreingestellte Wort, mit dem Sie Ihren Echo-Lautsprecher aktivieren können. Es kann sinnvoll sein, dieses Aktivierungswort an die eigenen Bedürfnisse anzupassen um Verwechslungen und Missverständnisse zu vermeiden.

Das Ändern von Alexa in ein anderes Aktivierungswort kann verschiedene Gründe haben.
Ein Grund könnte sein, dass Sie tatsächlich eine Person im Haushalt haben, die ebenfalls auf den Namen Alexa hört. Oder Sie besitzen bereits mehrere Echo-Geräte in Ihrem Zuhause und möchten in der Lage sein, jedes Gerät gezielt anzusprechen.

Tipp: Auch wenn mehrere Echo-Geräte mit dem gleichen Aktivierungswort in Ihrem Haushalt verwendet werden, antwortet immer nur ein Gerät. Anhand der sieben Mikrofone kann jedes Gerät feststellen, wie weit entfernt es von Ihnen steht. Das Gerät, das am nächsten bei Ihnen steht, führt die gewünschte Aktion aus.

Sie können noch nicht jedes beliebige Wort zur Aktivierung verwenden, aber es gibt bereits vier Aktivierungsworte zur Auswahl.

Gehen Sie dazu folgendermaßen vor:

1. Rufen Sie die Einstellungen in der Alexa-App oder auf der Alexa-Website auf
2. Wählen Sie ganz oben im Bereich “Geräte” den zu bearbeitenden Lautsprecher aus
3. Klicken Sie auf “Aktivierungswort”
4. Wählen Sie einen der folgenden Einträge aus
   Alexa
   Amazon
   Echo
   Computer
5. Klicken Sie auf “Speichern”

Es kann bis zu zwei Minuten dauern, bis Ihr Echo auf das neue Aktivierungswort hört.

9 – Musikwiedergabe auf mehreren Echo Geräten (Multiroom)

Sofern Sie über mehrere Amazon Echo Geräte in Ihrem Haushalt verfügen, können Sie diese Geräte zu einer oder mehreren Gruppen zusammenfassen und dann bequem Musik von Amazon Music, TuneIn und Spotify auf allen Geräten einer Gruppe gleichzeitig abspielen.
Der große Vorteil dieser Multiroom-Funktion ist, dass die Musik geräteübergreifend absolut synchron wiedergegeben wird, dadurch werden Echo- oder Hall-Effekte vermieden.

Voraussetzungen zur Nutzung der Multiroom-Wiedergabe

- Mindestens zwei Amazon Echo Geräte (Dritthersteller werden noch nicht unterstützt)
- Korrekt benannte Echo-Geräte, damit deren Standort auch in der App ersichtlich ist.
  Die Bezeichnung jedes Echos lässt sich bequem mithilfe der App bzw. der Alexa Webseite in den Einstellungen ändern. Klicken Sie dazu einfach auf den Eintrag des betreffenden Echos und ändern Sie im Bereich „Allgemein“ den Gerätenamen z.B. in Küche, Wohnzimmer o.ä.
- Um Titel von Amazon Music Unlimited auf mehreren Geräten abzuspielen benötigen Sie ein Amazon Music Unlimited-Abonnement für Familien. Für Prime Music oder TuneIn ist dieses nicht erforderlich

Erstellen einer Multiroom-Gruppe

1. Öffnen Sie die „Einstellungen“ in der Alexa-App oder auf der Alexa-Website
2. Scrollen sie etwas nach unten bis zur Überschrift Audiogruppen und wählen Sie den Eintrag „Multiroom Musik“
3. Klicken Sie im mittleren Reiter „Gruppen“ auf „Gruppe hinzufügen“
4. Wählen Sie den zweiten Eintrag „Amazon Multiroom Musik-Gruppe“
5. Verwenden Sie einen der voreingestellten Gruppennamen aus der Liste oder vergeben Sie einen individuellen Namen mithilfe des Textfelds am oberen Bildschirmrand. Bestätigen Sie Ihre Auswahl mit „Weiter“
6. Wählen Sie die Geräte aus, welche in der Gruppe enthalten sein sollen und klicken Sie anschließend auf die Schaltfläche „Speichern“

Danach steht ihnen die Gruppe zur Verfügung und Sie können mit dem Befehl "Spiele [Musikwunsch] in [Gruppenname]" die Wiedergabe auf allen Geräten der Gruppe starten.
Auch die Steuerung erfolgt währenddessen Geräteübergreifend. Wird beispielsweise die Wiedergabe der Musik auf einem Gerät der Gruppe pausiert, unterbrechen auch die anderen Geräte die Wiedergabe.

Tipp: Sind Sie gerade in der Küche, möchten aber die Musik schon einmal im Wohnzimmer starten? Sagen Sie einfach zu Ihrem Echo in der Küche "Spiele [Musikwunsch] auf [Bezeichnung des Echos im Wohnzimmer]". Auch hierbei ist eine sinnvolle Bezeichnung der vorhandenen Echo Geräte von großem Vorteil.

10 - Hinzufügen von Skills

Ihr Echo-Lautsprecher besitzt bereits ab Werk eine Fülle an Funktionen und Möglichkeiten, die Sie zu Beginn mit Sicherheit begeistern werden. Doch schon nach kurzer Zeit wünschen Sie sich, den Funktionsumfang des Geräts ein wenig zu erweitern und an Ihre persönlichen Bedürfnisse anzupassen. Ähnlich wie Sie dies bereits mit Ihrem Smartphone durch das nachträgliche installieren von Apps tagtäglich praktizieren.

Skills sind kleine "Apps" für Ihren Echo-Lautsprecher. Sie werden von Geräteherstellern, von Shop-Betreibern, von Verlagen, von freien Unternehmen und Entwicklern oder von Amazon selbst programmiert. Sofern Sie über das technische Know-How verfügen, ist es Ihnen ebenfalls möglich, eigenen Skills zu programmieren.

Ebenso wie zu Beginn der Smartphone-Ära ist die Qualität und die Sinnhaftigkeit der Skills momentan noch stark schwankend. Neben sinnvollen Nachrichten- SmartHome- und Verkehrs-Skills sind auch sinnfreie Pups-Generatoren und Witz-Skills zu finden.

Skill ohne vorherige Aktivierung direkt per Sprache starten
Wenn Sie den Namen des Skills, den Sie verwenden möchten kennen, lässt er sich durch ein einziges Sprachkommando aktivieren und starten. Der separate Schritt der Aktivierung per Sprache, über die App bzw. den Skill-Store ist zwar noch möglich, mittlerweile aber nicht mehr zwingend erforderlich. Sagen Sie „Starte Skill [Name des Skills]" um den Skill zu aktivieren und ihn direkt zu starten. Ein reines Aktivieren erfolgt mit dem Kommando „Aktiviere [Name des Skills]".

Beachten Sie, dass Alexa hier den genauen Namen des Skills benötigt. Der Skill der Deutschen Bahn wird sich beispielsweise nicht aktivieren lassen, wenn Sie sagen
"Aktiviere bahn.de", sondern nur, wenn die korrekte Skill-Bezeichnung genannt wird – also in diesem Fall "Aktiviere Deutsche Bahn".

Je nach aktiviertem Skill wird für die Funktionalität noch ein verknüpftes Konto mit dem entsprechenden Dienst benötigt. Falls dies der Fall ist, wird Ihnen Alexa antworten:
"Ich habe „Skill-Name" für dich aktiviert, aber du musst dein Konto verknüpfen. Rufe die Alexa App auf, um die Einrichtung abzuschließen".
Einmal gestartete oder aktivierte Skills bleiben aktiv, bis Sie diese wieder manuell deaktivieren. Wie Sie dazu vorgehen lesen Sie im Abschnitt „Skill deaktivieren".

Skill über die App / Website aktivieren

Aufgrund der Vielzahl an verschiedenen Skills ist es sinnvoll, die verfügbaren Skills am PC oder über die Alexa-App zu durchsuchen und auch dort zu aktivieren.

1. Öffnen Sie die Alexa App.
2. Öffnen Sie den linken Navigationsbereich und wählen Sie "Skills" aus.
3. Verwenden Sie die Suchleiste oder die Kategorien um Skills zu suchen.
4. Wenn Sie einen Skill verwenden möchten, wählen Sie "Skill aktivieren" aus.
5. Nachdem Sie einen Skill aktiviert haben, können Sie ihn umgehend verwenden.

Tipp: Wenn Sie durch die verfügbaren Skills stöbern möchten, bietet sich die Skill-Kategorie auf der Amazon-Seite an. Dort werden alle Skills übersichtlich mit Bewertungen, Anleitungen und zusätzlichen Tipps aufgeführt. Weitere Infos dazu finden Sie im nächsten Kapitel.

Der Amazon Skill-Store

Während die Installation von Skills zu Beginn der Echo-Ära lediglich über die eigene App oder per Sprachkommando möglich war, hat Amazon nun auf die stetig steigende Skill-Anzahl reagiert und ermöglicht das Heraussuchen und Installieren der smarten Erweiterungen nun direkt über die eigene Homepage. Seit Januar 2017 gibt es dort eine eigene Kategorie für Alexa Skills. Sie finden diese auf der Amazon Seite unter
„Alle Kategorien“ > „Echo & Alexa“ > „Alexa Skills“

Die Erweiterungen sind nach verschiedenen Unterkategorien sortiert, die auf der linken Seite des Skill-Stores zu finden sind. Analog zu den physischen Produkten im Amazon Webshop besitzt jeder Skill eine Bewertung in Form von 1-5 Sternen. Sie können die Skills anhand der Kundenbewertungen filtern und auf diese Weise die am besten bewerteten Skills heraussuchen. Auf der Detailseite jedes Skills finden Sie eine Anleitung zu den möglichen Funktionen sowie die Rezensionen anderer Nutzer.

Skill deaktivieren

Um einen Skill zu entfernen haben Sie je nach Plattform verschiedene Möglichkeiten. Wählen Sie “Skill Deaktivieren” aus, wenn Sie sich in der Alexa-App oder im Skill-Store befinden.
Der einfachere Weg dürfte aber das Sprachkommando sein. Sagen Sie dazu „Deaktiviere [Name des Skills]“.

Die 13 nützlichsten Alexa-Skills

Hier finden Sie die derzeit hilfreichsten Skills für Ihren Amazon Echo, die keine zusätzliche Hardware benötigen. Damit nutzen Sie das Potenzial Ihres smarten Lautsprechers noch weiter aus und integrieren ihn besser in Ihren Alltag.

- **PONS**
  Der Wörterbuch-Skill von PONS übersetzt beliebige Wörter und Redewendungen aus dem Deutschen ins Englische. Im Unterschied zu ähnlichen Apps wird das Englische Wort originalgetreu und richtig betont wiedergegeben. Dieser Skill eignet sich perfekt zum Training auf den nächsten Vokabeltest Ihres Sprösslings.

- **Bring!**
  Der Skill von Bring! Ist ideal für alle, denen der Funktionsumfang der Alexa-eigenen Einkaufsliste nicht ausreicht. Er ermöglicht die komplette Verwaltung der Einkaufsliste, inklusive der Verwaltung verschiedener Listen oder dem entfernen von Einträgen per Sprachkommando. Zur Nutzung des Skills wird ein kostenloser Account benötigt, der sich www.getbring.com anlegen lässt. Passende Apps für iOS und Android sind ebenfalls in den bekannten App-Stores verfügbar.

- **Deutsche Bahn**
  Mit diesem Skill erhalten Sie Informationen zu Verbindungen, Ankünften oder Abfahrten von Zügen, Straßenbahnen und Bussen an DB-Bahnhöfe. Alexa nennt dabei alle wichtigen Informationen (z. B. Dauer, Anzahl der Umstiege und Umsteigezeit) sowie Echtzeitinformationen zur aktuellen Verkehrslage, sofern diese verfügbar sind. Besonders praktisch für Pendler.

- **Fernsehprogramm**
  Hiermit erfahren Sie, was zur Prime Time im Fernsehen läuft. Es sind zudem auch gezielte Anfragen durch nennen des gewünschten Senders, Tags und der Uhrzeit möglich. Dieser Skill ersetzt jede TV-Zeitschrift.

- **Donnerwetter**
  Dieser Skill spielt den Klang eines sanften Gewitters in Endlosschleife ab. Ihr perfekter Helfer zum Fokussieren, zur persönlichen Entspannung oder in Verbindung mit dem Sleep-Timer des Echos eine beruhigende Hintergrundkulisse zum Einschlafen.

- **Gehirnjogging**
  Bringen Sie Ihre grauen Zellen in Schwung. Mit dem Gehirnjogging-Skill üben Sie sich spielerisch im Kopfrechnen. Die Aufgaben beginnen recht einfach, jedoch nimmt der Schwierigkeitsgrad mit fortschreitender Spieldauer zu. Ein laufendes Spiel kann mit „Pause" jederzeit pausiert- und mit „Gehirnjogging fortsetzen" fortgesetzt werden.

- **Wiki Deutschland**
  Dieser Skill ermöglicht es, die deutsche Online Enzyklopädie Wikipedia nach Suchbegriffen zu durchsuchen. Die Zusammenfassung des gefundenen Artikels wird von Alexa vorgelesen. Wenn Sie weitere Informationen benötigen, können Sie über die Alexa-App direkt zur kompletten Wiki-Seite navigieren.

- **Mein Orakel**
  Wenn Sie sich mal nicht entscheiden können – fragen Sie das Orakel, es wird Ihnen immer eine Antwort geben können.

- **Laut.fm**
  Mit laut.fm haben Sie Zugriff auf tausende - von anderen Nutzern erstellte - Radios aus Deutschland und der ganzen Welt. Nennen Sie einfach eine Musikrichtung die Ihnen gefällt und Alexa sucht die besten Sender. Praktisch zum Entdecken neuer Musik. Zum Senderwechsel sagen Sie nach dem Nennen der Musikrichtung einfach „weiter“ oder „zurück“.

- **Fleckentferner**
  Wenn Mutti nicht mehr im Haus wohnt, gibt Ihnen dieser Skill wertvolle Tipps, wie verschiedene Arten von Flecken aus Tischtüchern oder Kleidungsstücken entfernt werden können.

- **Wochentag Sucher**
  Dieser Skill findet den Wochentag zu einem von Ihnen genannten Datum. Dieses kann entweder in der Vergangenheit oder auch in der Zukunft liegen. Besonders Praktisch für alle frühzeitigen Planer oder Nostalgiker.

- **DHL Paket**
  Mithilfe dieses Skills lassen sich Ihre DHL-Sendungen allein durch Nennen der Sendungsnummer verfolgen. Hilfreich für alle Sendungen die nicht von Amazon kommen, denn Amazon-Bestellungen können ohne Skill mit dem Befehl „Wo ist meine Bestellung“ nachverfolgt werden.

- **Abfallkalender**
  Nach der ersten –zugegebenermaßen etwas umfangreicheren- Einrichtung, teilt Ihnen der Abfallkalender-Skill die Abfuhrtermine aller Mülltonnen und des Sperrmülls mit.
  Die Einrichtung sollte am PC erfolgen. Notwendige Internetadressen und Ihr individueller Zugangscode werden bei der Aktivierung des Skills zwar von Alexa wiedergegeben, jedoch ziemlich zügig. Öffnen Sie nach der Aktivierung einfach die Alexa-Web-Oberfläche und lesen Sie dort alles in Ruhe auf der neuesten Infokarte direkt auf der Startseite nach.
  Bei der späteren Verwendung ist es zudem wichtig, auf das eigene Kommando zu achten. „Frage Abfallkalender, wann die Papiertonne abgeholt wird“ führt nicht zum Ziel. Es ist wichtig das die Anfrage mit
  „Frage **den** Abfallkalender...“ zu beginnen

11 – Telefonieren und Sprachnachrichten versenden

Seit dem Update der Echo-Gerätelinie Ende 2017 und der damit verbundenen Funktionserweiterung unterstützt Alexa auch Anrufe und Nachrichten zwischen Amazon Echo-Geräten und der Alexa App für Smartphones.
Sprachanrufe werden dabei per Sprachbefehl initiiert und vom Empfänger ebenfalls per Sprachkommando entgegengenommen. Zusätzlich zu diesen gewöhnlichen Anrufen gibt es die „Drop In“ Funktion. Damit ist es möglich, dass Anrufe von explizit dafür freigegebenen Kontakten direkt verbunden werden, ohne die Notwendigkeit, diese zuerst per Sprache entgegen zu nehmen.
Die Funktion Sprachnachrichten ermöglicht es, Sprachmemos aufzuzeichnen und diese Aufnahmen an einen Kontakt zu senden. Vergleichbar mit einem Anrufbeantworter kann der Empfänger diese Nachricht dann anhören, wenn er Gelegenheit dazu hat.
Sowohl die Anruf-Funktion als auch das Versenden von Sprachnachrichten ist kostenlos.

Voraussetzungen zur Nutzung der Telefonfunktion

- Mindestens zwei Amazon Echo Geräte (je eines bei Ihnen und beim Anzurufenden) oder alternativ je ein Smartphone mit der aktuellsten Version der Amazon Alexa App,
  oder ein Echo und ein Smartphone mit App
- Eine erfolgreich abgeschlossene Einrichtung der Telefonfunktion bei jedem Teilnehmer. Wählen Sie dazu in der Alexa App am unteren Bildschirmrand das mittlere Icon (Sprechblase) und folgen Sie dem Setup-Assistenten

Befehlsliste der Telefon- und Nachrichtenfunktion

"Rufe [Kontakt] an"	Ruft den gewünschten Kontakt an
"Nimm den Anruf an"	Nimmt einen eingehenden Anruf entgegen
„Drop In bei [Kontakt]“	Verbindet Sie sofort mit dem gewünschten Kontakt, sofern die entsprechenden Berechtigungen vergeben wurden (s. unten)
„Anruf ablehnen“ oder „Stopp“	Weist einen eingehenden Abruf ab
"Sende eine Nachricht an [Kontakt]"	Startet die Aufnahme und sendet diese Sprachnachricht anschließend an den gewünschten Kontakt
"Spiele meine Nachrichten ab"	Spielt eingegangene Sprachnachrichten ab

Drop In Berechtigung für bestimmte Kontakte freigeben

Drop In ist nach der Ersteinrichtung der Telefonfunktion komplett deaktiviert. Um die Drop In Funktion zu nutzen oder von anderen mithilfe dieser Funktion angerufen werden zu können, ist die Aktivierung für jeden berechtigten Kontakt notwendig.

1. Öffnen Sie die Alexa App.
2. Wählen Sie das mittlere Icon am unteren Bildschirmrand (Sprechblase)
3. Klicken Sie oben rechts auf das Symbol des Männchens
4. Wählen sie den gewünschten Kontakt, der für Dop In berechtig sein soll
5. Betätigen Sie den Schalter im Bereich „Drop In“

Zum Aktivieren von Drop In für sich bzw. Ihren eigenen Haushalt wählen Sie einfach Ihr eigenes Profil in der Kontaktliste (gekennzeichnet mit „Mein Profil"), und schalten Drop In dort ein.

Bitte vergeben Sie die Berechtigungen für Drop In mit Bedacht und nur an vertrauenswürdige Kontakte, enge Freunde oder Familienmitglieder. Durch diese Funktion kann der jeweilige Kontakt sofort und ohne weiteres Zutun mit Ihnen sprechen, bzw. zuhören.

Tipp: Um Drop In Anrufe temporär zu unterbinden, aktivieren Sie den „Bitte nicht stören"- Modus an Ihrem Echo mithilfe des Sprachbefehls „Bitte nicht stören". Um wieder erreichbar zu sein sagen Sie „Bitte nicht stören deaktivieren".
Wenn Sie dies für einzelne Geräte regelmäßig einzustellen möchten (beispielsweise immer nachts), rufen Sie in der Alexa App bzw. auf der Alexa Website den Punkt „Einstellungen" auf. Dort wählen Sie das gewünschte Gerät aus und klicken dann im Abschnitt „Bitte nicht stören" auf den Eintrag „Zeitplan". Wecker und Timer ertönen während dieser Zeit trotzdem.

12 - Die Papierlose Einkaufsliste

So modern unsere Gesellschaft auch wird - der Einkaufszettel besteht immer noch aus Papier und hängt irgendwo in der Küche. Zum Einkaufen kommt dieser mit, alles wird abgestrichen und zu Hause wird ein neuer Zettel angebracht. So sollte es laufen. Jedoch werden Sie mir sicher zustimmen, dass dieser Zettel meist dann zu Hause hängt, wenn man geschwind nach der Arbeit zum Einkaufen fährt oder gerade ohnehin am entsprechenden Geschäft vorbeikommt. Was stand nochmal auf dem Einkaufszettel? Es wird gekauft, woran man sich erinnert und zu Hause stellt man fest, dass die Hälfte fehlt.

Gut, dass Ihnen Alexa hilft, Ihren Einkaufszettel immer bei sich zu haben.

Zum Hinzufügen eines Eintrags sagen Sie "Füge [Produkt] zur Einkaufsliste hinzu"

Das Entfernen oder Editieren von Einträgen ist nur über die Alexa-App oder Website möglich. Dort haben Sie ebenfalls die Möglichkeit, Positionen manuell hinzuzufügen. Dies kann beim Zusammenstellen einer umfangreichen Liste sinnvoll sein kann.

Leider erlaubt es Alexa momentan noch nicht, mehrere Einträge in einem Satz hinzuzufügen. Sagen Sie beispielsweise "Füge Cola, Milch, Chips und Wasser der Einkaufsliste hinzu" wird Alexa einen einzigen Eintrag für alle Positionen erstellen, der dann entsprechend mit "Cola, Milch, Chips und Wasser" benannt ist.
In diesem Fall ist dann der Weg über den PC oder die App die bessere Wahl.

Während dem Einkauf rufen Sie die Einkaufsliste in der App über die Seitenleiste und den Punkt “Listen” auf. Erledigte Positionen haken Sie einfach über die Checkbox ab. Durch Tippen auf “Erledigte ansehen” lassen sich alle abgehakten Einträge anzeigen und auch mit einem Klick auf “Alle löschen” entfernen.

Auch auf der Amazon-Seite haben Sie die Möglichkeit Ihre Alexa-Einkaufsliste anzuzeigen.
Loggen Sie sich dazu mit Ihrem Account bei Amazon ein und klicken Sie in der oberen Leiste auf „Konto und Listen“. Dort finden sie den ersten Eintrag „Alexa-Einkaufliste“

Innerhalb der Liste sind statt Produkten die Amazon-Suchergebnisse zu jedem Eintrag durch einen Klick auf „Suchergebnisse anzeigen“ aufrufbar.

Tipp: Falls Sie die Alexa-App auch zum Verwalten Ihrer To-Dos nutzen möchten, ist die oben geschilderte Vorgehensweise analog zu verwenden. Ersetzen Sie dann einfach “Einkaufsliste” durch “ToDo Liste”.
Also beispielsweise “Setze Rasen mähen auf meine ToDo-Liste”

13 - Verbinden Ihres Kalenders mit dem Echo

Wo damals noch ein klassischer Terminkalender seinen Dienst verrichtete, werden heute Termine überwiegend mit dem Tablet, Smartphone oder am PC organisiert und erstellt. Mit dem Echo eröffnet sich Ihnen zudem die Möglichkeit der sprachbasierten Terminverwaltung.

Dadurch lassen sich neue Termine komplett sprachbasiert in Ihren Kalender eintragen. Anstehende Einträge gibt Alexa auf Nachfrage ebenfalls per Sprache aus. Unterstützt werden derzeit die Online-Kalender von Google, Microsoft und Apple.

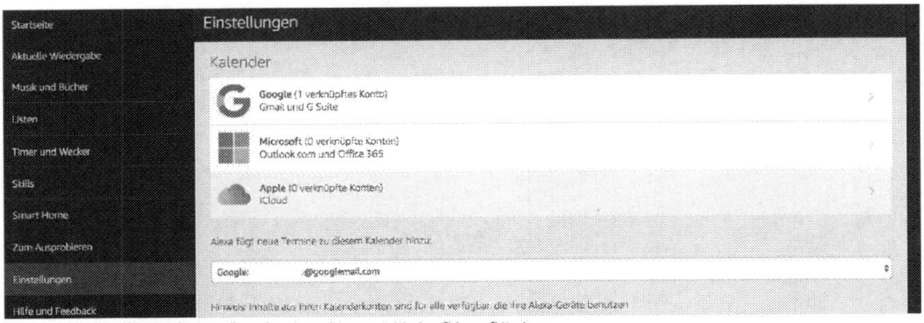

Die verknüpften Kalender in der Alexa Web-Oberfläche

Vor der erstmaligen Nutzung ist es notwendig, dass Sie Ihr Kalender-Benutzerkonto mit Alexa verknüpfen. Diese Einrichtung kann in der Alexa-App oder über die Alexa-Website erfolgen.

Google-Kalender verbinden (GMail und G Suite)

1. Rufen Sie im Menü links den Punkt “Einstellungen” auf
2. Wählen Sie dort den Eintrag “Kalender”
3. Klicken Sie auf das Google Logo
4. Geben Sie die Anmeldedaten Ihres Google-Kontos ein
5. Bestätigen Sie den Sicherheitshinweis, dass Echo Zugriff auf Ihren Kalender hat
6. Wählen Sie, welche Kalender Ihres Kontos verwendet werden sollen
7. Gehen Sie zurück zum Punkt “Kalender” und wählen Sie im Dropdown-Menü “Alexa fügt neue Termine zu diesem Kalender hinzu:” den gewünschten Kalender aus, in den die per Sprache angelegten Termine zukünftig eingetragen werden sollen

Microsoft-Kalender verbinden (Outlook.com und Office 365)

1. Rufen Sie im Menü links den Punkt “Einstellungen” auf
2. Wählen Sie dort den Eintrag “Kalender”
3. Klicken Sie auf das Microsoft Logo
4. Klicken Sie auf “Ihr Microsoft-Kalenderkonto verknüpfen”
5. Geben Sie die Anmeldedaten Ihres Microsoft-Kontos ein
6. Bestätigen Sie den Zugriff der Alexa App auf Ihre Infos mit einem Klick auf “Ja”
7. Wählen Sie, welche Kalender Ihres Kontos verwendet werden sollen
8. Gehen Sie zurück zum Punkt “Kalender” und wählen Sie im Dropdown-Menü “Alexa fügt neue Termine zu diesem Kalender hinzu:” den gewünschten Kalender aus, in den die per Sprache angelegten Termine zukünftig eingetragen werden sollen

Apple-Kalender verbinden (iCloud)

Bevor Sie mit der Verbindung Ihres iCloud-Kalenders beginnen, sollten Sie sowohl die Zwei-Faktor-Authentifizierung für Ihr iCloud-Konto aktivieren, sowie ein anwendungsspezifisches Passwort für die Verbindung mit dem Echo festlegen.

1. Aktivieren Sie die Zwei-Faktor-Authentifizierung für Ihren iCloud Account. Als Nutzer von iPhone oder iPad finden Sie die Einstellungen dazu unter "Einstellungen" > [Ihr Name] > "Passwort & Sicherheit" > "Zwei-Faktor-Authentifizierung aktivieren". Mac Anwender finden die Einstellungen im Menü "Apple" > "Systemeinstellungen" > "iCloud" > "Accountdetails" > "Sicherheit" > "Zwei-Faktor-Authentifizierung aktivieren".
2. Richten Sie ein anwendungsspezifisches Passwort ein. Öffnen Sie dazu Ihren Browser (z.B. Safari oder Chrome) und melden Sie sich unter https://appleid.apple.com mit Ihren iCloud Daten an. Klicken Sie im Bereich "Sicherheit" unter "Anwendungsspezifische Passwörter" auf "Passwort erstellen". Geben Sie eine Bezeichnung für das Passwort ein, z.B. “Amazon Echo” und klicken Sie auf “Speichern”. Notieren Sie sich das Passwort, da es für die nächsten Schritte benötigt wird.
3. Kehren Sie zurück zur Alexa-App bzw. zur Alexa-Website und rufen Sie im Menü links den Punkt “Einstellungen” auf
4. Wählen Sie dort den Eintrag “Kalender”
5. Klicken Sie auf das iCloud Logo
6. Klicken Sie bei der Meldung der Zwei-Faktor-Authentifizierung auf “Weiter”
7. Klicken Sie bei der Meldung des anwendungsspezifischen Passworts auf “Weiter”

8. Geben Sie Ihre iCloud E-Mail-Adresse, sowie das oben erstellte anwendungsspezifische Passwort ein und klicken Sie auf "Anmelden"
9. Wählen Sie, welche Kalender Ihres Kontos verwendet werden sollen
10. Gehen Sie zurück zum Punkt "Kalender" und wählen Sie im Dropdown-Menü "Alexa fügt neue Termine zu diesem Kalender hinzu:" den gewünschten Kalender aus, in den die per Sprache angelegten Termine zukünftig eingetragen werden sollen

Nach der Verbindung des Echos mit Ihrem Kalender ist Alexa in der Lage, Ihnen Ihre anstehenden Termine vorzutragen. Fragen Sie einfach "Welche Termine habe ich heute". Natürlich können Sie auch die Termine für andere Tage ("Welche Termine habe ich am Freitag") oder explizit nach speziellen Terminen wie Geburtstagen oder Feiertagen fragen, sofern Sie die Freigabe für diese Kalender erteilt haben. Mit der Frage "Welche Termine habe ich" werden die kommenden Termine aufgezählt, wenn es zu viele sind, beschränkt sich Alexa auf die nächsten 4 Einträge.

Für das Erstellen eines Termins gibt es zwei Möglichkeiten. Entweder nutzen Sie Alexas Unterstützung zum Hinzufügen des Termins oder Sie diktieren den kompletten Termin in einem Satz.

Um einen Termin mit Alexas Unterstützung hinzuzufügen sagen Sie "Füge meinem Kalender einen Termin hinzu". Daraufhin wird Alexa Sie nach der Bezeichnung, dem Datum und der Urzeit des zu erstellenden Termins fragen. Der Termin wird danach noch einmal komplett wiederholt und mit einem "Ja" gespeichert, bzw mit einem "Nein" noch einmal geändert.

Die schnellere Variante zum Erstellen eines Termins lässt sich mit diesem Satz realisieren:
„Füge [Ereignis] für [Datum] um [Uhrzeit] zu meinem Kalender hinzu.“

Alexa ist leider noch nicht dazu in der Lage, Sie an Termine zu erinnern. Um trotzdem an Termine erinnert zu werden, die mithilfe von Alexa eingetragen wurden, können Sie in den Einstellungen des jeweiligen Kalender-Dienstes festlegen, dass automatisch bei jedem neuen Kalendereintrag eine Erinnerung hinzugefügt wird. Zum Löschen eines Termins ist momentan auch noch der Weg über den Kalender selbst notwendig.
Falls Sie Ihren Kalender wieder von Ihrem Echo trennen möchten, finden Sie den Link dazu ebenfalls unter “Einstellungen” > “Kalender”. Wählen Sie dort das zu trennende Konto aus und klicken Sie unten links auf “Dieses ...-Kalenderkonto trennen”

Tipp: Bedenken Sie, dass Ihre Termine für alle abrufbar sind, die das Gerät verwenden. Vertrauliche Termine sollten Sie daher in einen separaten Kalender schreiben und diesen Kalender nicht zur Synchronisation auswählen (siehe Schritt 6 bei Google, Schritt 7 bei Microsoft, Schritt 9 bei der Apple Anleitung oben).

14 - Einsatz des Echo als Bluetooth Lautsprecher

Auch wenn der Echo-Lautsprecher seine Daten überwiegend per WLAN bezieht, gibt es immer Situationen, in denen es vorteilhaft ist, Audiomaterial von einem PC, Tablet oder Smartphone per Bluetooth zu streamen. Sie verwenden beispielsweise einen Service, der vom Echo noch nicht unterstützt wird? Oder Sie haben Dateien lokal auf Ihrem Gerät gespeichert und möchten diese nicht über die Cloud zur Verfügung stellen? Ihr Echo spielt diese Medien dank eingebauter Bluetooth-Technik trotzdem ab.

Bluetooth Gerät mit dem Echo koppeln

Um Ihr Gerät mit dem Echo Lautsprecher zu verbinden, muss dieses einmalig gekoppelt werden, damit sich Echo und Ihr Bluetooth-Gerät "kennen".

Per Sprache starten Sie den Kopplungsmodus mit dem Wort "Koppeln". Falls Sie den Weg über die Alexa-App bzw. die Website bevorzugen, gehen Sie wie folgt vor:

1. Wählen Sie unter "Einstellungen", im Bereich "Alexa-Geräte" den gewünschten Echo-Lautsprecher
2. Klicken Sie auf den Eintrag "Bluetooth"
3. Betätigen der Schaltfläche "Kopplungsmodus", damit Ihr Echo für andere Bluetooth-Geräte sichtbar wird.
4. Der Gerätename "Echo-xxx" wird vom Echo per Sprache ausgegeben
5. Rufen Sie auf Ihrem Smartphone oder Tablet die Bluetooth-Einstellungen auf und koppeln Sie sich mit dem Echo Lautsprecher

Bluetooth-Verbindung trennen

Sagen Sie “Trennen” um die aktive Bluetooth-Verbindung zu trennen

Bluetooth Gerät erneut verbinden

Bluetooth-Geräte, die bereits mit dem Lautsprecher gekoppelt sind, können mit dem Wort “Verbinden” direkt wieder verbunden werden. Stellen Sie sicher, dass Sie vorher die Bluetooth-Funktion an dem zu koppelnden Gerät aktiviert haben. Wurden mehrere Geräte mit dem Echo-Lautsprecher gekoppelt, wird er die Verbindung zum zuletzt gekoppelten Gerät wiederherstellen. Um ein anderes Gerät zu verwenden, sagen Sie “Koppeln” und starten Sie den oben beschriebenen Prozess erneut.

Gekoppelte Bluetooth-Geräte löschen

Alle gekoppelten Geräte lassen sich unter “Einstellungen” > Echo-Gerät > “Bluetooth” durch betätigen der Schaltfläche “Entfernen” bei „Alle gekoppelten Geräte entfernen“ löschen.

Tipp: Verbundene Bluetooth Geräte können mit den Sprachbefehlen “Weiter”, “Zurück”, “Pause”, “Fortsetzen” und “Stopp” zumindest rudimentär per Sprache gesteuert werden. Auch die Lautstärkeänderung per Sprache ist möglich.

Echo Dot mit Bluetooth Gerät verbinden

Im Gegensatz zum normalen Echo kann der kleine Echo Dot nicht als Bluetooth Lautsprecher verwendet werden. Allerdings kann dieser mit einem Bluetooth Lautsprecher verbunden werden und seinen Ton darüber ausgeben. Das Prozedere entspricht dem oben Erklärten, lediglich muss Ihr Lautsprecher in den Kopplungsmodus versetzt werden und der Echo Dot verbindet sich mit diesem.

15 - Das tägliche News-Briefing

Vom Radio wurden wir in den vergangenen Jahren darauf konditioniert, dass wir Nachrichten immer zur vollen Stunde oder je nach Sender auch halbstündlich serviert bekommen. Sofern Sie nur fünf Minuten zu spät einschalten, bekommen Sie maximal noch eine Info zum Wetter zu hören. Diese Zeiten gehören, dank Alexa, glücklicherweise der Vergangenheit an. Ihr Sprachassistent präsentiert Ihnen zu jeder Zeit die Nachrichten, die Sie interessieren.

“Was gibt's neues” - stellen Sie Alexa diese Frage und schon werden Ihnen die täglichen Nachrichten präsentiert. Mit dem Kommando “Weiter” bzw “Zurück” können Sie direkt zur nächsten News-Quelle springen oder das Briefing mit “Abbrechen” beenden.

Anpassen der eigenen Zusammenfassung

Die Standardeinstellung beinhaltet bereits “Tagesschau”, “BILD” und “Wetter”, jedoch können Sie diese Quellen nach belieben editieren- oder neue Quellen hinzufügen. Mit den Quellen „Heise-Online“, „PC-WELT“ und „Macwelt“ stehen auch Nachrichten aus dem Tech-Bereich zur Verfügung. Sollte Ihr favorisierter Dienst nicht zur Verfügung stehen, schauen Sie in einigen Wochen erneut nach - das Angebot der News-Quellen wächst derzeit sehr rasant.

Rufen Sie, wie gewohnt, die Einstellungen in der Alexa App oder auf der Website auf und wählen Sie im Bereich “Konten” den Eintrag “Tägliche Zusammenfassung”.

Hier finden Sie alle installierten News-Quellen. Durch den Schalter auf der linken Seite jedes Eintrags können Sie die Quelle ein- oder ausschalten. Deaktivierte Quellen werden in Ihrer täglichen Zusammenfassung nicht mehr berücksichtigt. Über die Schaltfläche "Bestellung bearbeiten" oben rechts passen Sie die Reihenfolge aller aktiven Quellen an.

Hinzufügen neuer Quellen

In der Ansicht "Tägliche Zusammenfassung" befindet sich ganz oben ein Eintrag mit dem Titel "Mehr aus der täglichen Zusammenfassung". Klicken Sie darauf, um zu den zusätzlichen News-Quellen (Skills) zu gelangen. Basierend auf Ihren Vorlieben suchen Sie sich hier die bevorzugten Dienste aus und fügen diese mit der gelben "Aktivieren" Schaltfläche hinzu.
Je nach Quelle stehen verschiedene Feeds zur Verfügung. Beispielsweise hält "n-tv" die Feeds Nachrichten, Politik, Wirtschaft und Sport bereit.

Tipp: Die Quelle "Tagesschau" ist zwar voreingestellt, allerdings ist diese nicht sehr aktuell. Zudem ist die Lautstärke dieser Quelle wesentlich leiser als die Lautstärke aller anderen Inhalte. Empfehlenswert ist stattdessen die Quelle "Deutschlandfunk Nachrichten".

Sportnachrichten personalisieren

Zusätzlich zu den Nachrichten aus Wirtschaft und Politik erhalten Sie von Alexa auch die aktuellen Sportnachrichten Ihres Lieblingsvereins. Neben den bekannten Größen wie der deutschen Nationalmannschaft oder Clubs der ersten Bundesliga stehen auch Vereine der zweiten Liga und der englischen Premier League zur Auswahl. Es können bis zu 15 Mannschaften zu Ihren ganz persönlichen Sportnachrichten hinzugefügt werden.

Rufen Sie zum Hinterlegen Ihrer favorisierten Mannschaften, die Einstellungen in der Alexa App oder auf der Website auf und wählen Sie im Bereich “Konto” den Punkt “Sportnachrichten”. Tragen Sie den Namen der hinzuzufügenden Mannschaft in das Suchfeld ein und wählen Sie den gewünschten Eintrag der Suchergebnisse durch einfaches anklicken aus.
Entfernen lassen sich die einzelnen Vereine durch betätigen des kleinen rote „x“ neben dem entsprechenden Eintrag.

Zum Abfragen Ihrer Sportnachrichten sagen Sie
„Alexa – Was sind meine Sportnachrichten?“.

Quellen entfernen

Da es sich bei den News-Quellen um Skills handelt, werden diese auf dem gleichen Weg entfernt. Rufen Sie die Detailseite des jeweiligen Skills aus und klicken Sie oben auf “Skill deaktivieren”

Tipp: Alle Skills finden Sie übersichtlich nach Themen sortiert auf der Amazon-Seite in der Kategorie “Echo & Alexa” > “Alexa Skills”. Dort finden Sie auch Bewertungen zu den Skills und können so schon vor der Installation eines Skills deren Qualität beurteilen.

Auskunft über die aktuelle Verkehrslage erhalten

Hinterlegen Sie unter “Einstellungen” beim Punkt “Verkehr” die Adresse, zu der Sie üblicherweise morgens mit dem PKW fahren und fragen Sie Alexa “Wie ist der Verkehr”.

16 - Webradio und mehr mit TuneIn

Amazon hat die Bedeutung des Webradios erkannt und den Echo-Lautsprecher von Haus aus so ausgestattet, dass er ohne weiteres Zutun oder die Verbindung mit zusätzlichen Accounts direkt nach der ersten Inbetriebnahme in der Lage ist, Webradiosender über den Service TuneIn wiederzugeben.

Zu beachten ist bei diesem Feature allerdings, dass die Echo-Geräte und der Alexa-Sprachservice noch in den Kinderschuhen stecken. Es kann also sein, dass der gewünschte Radiosender trotz korrekter Aussprache nicht richtig oder überhaupt nicht verstanden wird.

Radiosender per Sprachkommando starten:
Um einen eindeutigen und einfach auszusprechenden Sender zu starten, sagen Sie einfach "Spiele SWR3" - Der Name des gewünschten Radiosenders wird noch einmal wiederholt und anschließend beginnt die Wiedergabe.

Tipp: Nennen Sie den vollständigen Sendernamen, falls Alexa sie nicht verstehen möchte. Beispielsweise sagen Sie "Spiele SWR1 Rheinland-Pfalz", statt "Spiele SWR1".
Um den Namen herauszufinden sollten Sie auf www.tunein.com nachschauen, wie genau Ihr Lieblingssender auf der Plattform gelistet ist.

Radiosender über die App starten

Das Starten und Abspielen eines Webradiosenders ist ebenso über die Alexa App oder über die Website möglich. Auch wenn dieser Weg nicht gerade für einen Sprachgesteuerten Assistenten spricht, so ist es besonders in der momentanen Entwicklungsphase des Geräts die einzig alternative Möglichkeit, falls der Sendername zu komplex ist und von Alexa nicht verstanden wird.

1. Wählen Sie im Menü auf der Linken Seite den Punkt "Musik und Bücher"
2. Klicken Sie auf Tuneln
3. Mit dem Suchfeld oben können Sie Tuneln durchsuchen oder Sie stöbern stattdessen durch die einzelnen Kategorien

Tipp: Neben unzähligen Radiosendern sind auch Podcasts und Talk-Sendungen vorhanden.

17 - Einrichten von Amazon Music Unlimited am Echo

In Ihrer Prime-Mitgliedschaft ist bereits das Abo von Amazon Prime-Music enthalten. Mit diesem haben Sie bereits Zugriff auf über 2 Millionen Titel, die Sie ohne Werbeunterbrechung und vor allem ohne zusätzliche Kosten anhören können.

Seit kurzem offeriert Amazon zudem einen erweiterten Service mit dem Namen “Music Unlimited”, der ähnlich wie die Konkurrenz von Spotify einen noch umfangreicheren Musikkatalog bietet. Dabei ist zu erwähnen, dass die Anzahl an verfügbaren Titeln bei Music Unlimited (ca 40 Mio) etwas größer ist als bei Spotify (ca 30 Mio - Stand Dezember 2016).

Neue Music Unlimited Mitgliedschaft per Stimme starten
Falls Sie diese Musiktitel ausschließlich über Ihr Echo-Gerät wiedergeben möchten, können Sie das Abo direkt per Stimme abschließen. Es ist dann an das Gerät gebunden, mit dem Sie das Abo gestartet haben. Sagen Sie dazu einfach “Starte Amazon Music Unlimited” und Alexa wird Sie durch den Bestellvorgang führen.

Falls Sie Amazon Music Unlimited oder die 30-Tage Testmitgliedschaft noch nicht genutzt haben, erhalten Sie bei der Anmeldung automatisch die Probemitgliedschaft für alle Geräte. Am Ende der Probemitgliedschaft wird diese automatisch in eine “Amazon Music Unlimited für Echo-Mitgliedschaft” für Ihr Gerät umgewandelt. Aufgrund der Bindung an ein Echo-Gerät liegt die monatliche Gebühr für den Service derzeit bei nur 3,99 Euro.

Aktive Music Unlimited Mitgliedschaft per Stimme verwalten

Nach dem Abschluss eines Music Unlimited Abos haben Sie die Möglichkeit, Ihre Mitgliedschaft per Sprache zu ändern. Die Sprachkommandos dazu lauten –abhängig von Ihrer aktuellen Mitgliedschaft:

"Upgrade zu Amazon Music Unlimited." oder "Downgrade zu Amazon Music Unlimited."

Empfehlenswerte Playlists

Das Starten der Musik am Echo erfolgt üblicherweise per Sprache. Dies ist zwar bequem – hat aber gleichzeitig den Nachteil, dass Sie nicht durch neue Musiktitel und Alben „stöbern“ können. Damit Sie trotzdem nicht immer wieder das gleiche Album oder den selben Sender hören müssen, finden Sie hier einige Playlist-Empfehlungen. Diese Playlists werden immer wieder aktualisiert, daher ist stets für eine frische Musikauswahl gesorgt.

Zum Starten einer Liste sagen Sie lediglich
„Alexa – Spiele die Playlist [Name der Playlist].

Playlist-Name	Inhalt
Gute Laune Pop	Beschwingte Popmusik, viele Titel aus den aktuellen Charts
Fitness-Beats	Dance, House und EDM, gut gemischt, auch gut zum Feiern
Pop-Hits zum Kochen	Melodisch ruhiger Pop, angenehme Hintergrund-Berieselung
Entspanntes Frühstück	Von Klassik über Lounge bis Pop – Tipp für den Sonntags-Brunch
Taufrisch	Neuerscheinungen Querbeet – zur Eingrenzung gibt es je Musikrichtung auch eigene Playlists, z.B. „Taufrisch Dance“, „Taufrisch Rock“, „Taufrisch Pop“,...

18 – Fußballübertragung im Live-Stream

Übertragung der 1. und 2. Bundesliga (Prime-Kunden)

Seit dem Start der Bundesliga-Saison 2017/2018 am 28. Juli 2017 überträgt Amazon für Prime-Kunden alle 617 Pflichtspiele der Bundesliga, 2. Bundesliga sowie Relegation und Supercup live in voller Länge und ohne Werbeunterbrechung.
Neben der reinen Spielübertragung umfasst das Angebot zudem - je 15 Minuten vor Anpfiff und bis 15 Minuten nach Schlusspfiff - Analysen, Kommentare und Interviews für jedes Einzelspiel inklusive Halbzeitanalysen.

Zusätzlich zur Liveberichterstattung findet an Spieltagen der Bundesliga auch die Amazon Konferenz statt. Konferenzen werden dabei für die Bundesliga und 2. Bundesliga mit separaten Kommentatoren-Teams abgehalten, sofern die Spiele zeitgleich stattfinden. Inhalt der Amazon Konferenz werden Analysen und Interviews sein, los geht es 30 Minuten vor dem ersten Spiel eines Tages. Ende des Spieltagprogramms ist eine Stunde nach dem letzten Abpfiff. Die Samstags-Konferenzen werden von einer Bundesliga-Show begleitet, die bereits um 15:00 Uhr startet.

Ebenfalls im Prime Angebot enthalten sind zwei Podcasts. Zum einen das frühere Kultformat von, bekannt von 90elf, „Bolzplatz". Diese Show wird jeden Dienstag live von Alexander Fabian und Marcus Herwig moderiert. Der zweite Podcast „Zweierkette" wird an Montagabenden live von Alexander Schlüter und Benjamin Zander eine umfassende Spieltagsübersicht geben. Selbstverständlich lassen sich beide Shows nach ihrer Aufzeichnung jederzeit erneut abrufen.

Live-Übertragung von Spielen des DFB-Pokals
Exklusiv für Kunden mit aktivem Music Unlimited Abonnement werden ab dem 11. August zusätzlich zur Bundesliga auch alle 63 Spiele des DFB-Pokals 2017/2018 live übertragen. Dies ist besonders für all diejenigen interessant, deren Herz für ein Team schlägt, das selten oder nie im TV oder Radio übertragen wird.

Sprachbefehle für die Fußball-Komplettübertragung

"Spiel Bayern München gegen Borussia Dortmund "	Startet den Live-Stream für ein bestimmtes Spiel
„Spiel die Amazon-Konferenz"	Startet die Amazon-Konferenz
„Spiel die Bundesliga"	Spielt die Samstags-Bundesliga-Show

Tipp: Selbstverständlich können Sie den Livestream auch unterwegs über Ihr Smartphone mithilfe der Amazon Music App abrufen. Zudem haben seit kurzem alle Prime-Kunden mithilfe von „Prime Reading" ohne Zusatzkosten Zugriff auf die neuesten Ausgaben der Magazine „11 Freunde" und „kicker".

19 - Echo mit IFTTT verbinden

IFTTT ist ein Dienst, der es Ihnen erlaubt, verschiedene Anwendungen wie GMail, Evernote, Dropbox oder eben auch den Amazon Echo mit einfachen bedingten Anweisungen zu verknüpfen. Die fünf Buchstaben stehen für "If This Then That", was zu Deutsch nichts anderes bedeutet als: „Wenn dieses Ereignis eintritt, dann mache das". Es gibt also einen Auslöser (if this), der eine bestimmte Aktion auslöst (then that). Für diese Aktion-Reaktion Verknüpfungen werden auf der Plattform von IFTTT sogenannten "Applets" erstellt.
Dies ist sehr benutzerfreundlich gestaltet und setzt keine Programmierkenntnisse voraus.

Seit Februar 2016 wird IFTTT offiziell vom deutschen Amazon Echo unterstützt. Davor war es lediglich über Umwege möglich, die US-Amerikanische Version zu verwenden. Die verfügbaren Applets, die Sie derzeit mit Ihrem Echo verwenden können, sind aber noch begrenzt, da beispielsweise zur Interaktion mit Handys nur Amerikanische Nummern eingebunden werden können. Auch ist die Beschreibung der vorgefertigten Applets noch auf Englisch und setzt bei der Anwendung etwas Entdeckergeist und Experimentierfreude voraus. Trotzdem funktioniert das Zusammenspiel bereits gut und es bietet interessante Möglichkeiten um Ihren Echo noch umfangreicher im produktiven Alltag einzubinden.

Hier finden Sie einige Beispiele, die mit IFTTT und Echo möglich sind, bzw. sein werden.

- Speichern Sie alle Songs, die Sie mit Echo abspielen in einer Tabelle
- Steuern von Smart-Home Geräten, die nicht offiziell unterstützt werden

- Fügen Sie Ihre Alexa-ToDos automatisch zu Evernote hinzu
- Lassen Sie sich die Alexa-Einkaufsliste per E-Mail zusenden
- Lassen Sie das Licht im Wohnzimmer blinken, wenn der Echo Timer abgelaufen ist
- Aktivieren Sie den Ruhemodus an Ihrem Smartphone wenn Sie Alexa darum bitten
- Lassen Sie Ihr verlegtes Telefon auf Kommando klingeln

Um all dies zu ermöglichen, benötigt IFTTT eine Autorisierung in allen verbundenen Accounts und Services. Nur so ist es möglich, beispielsweise eine E-Mail zu verschicken oder eine Tabelle in Ihrem Google-Drive zu erstellen.

1. Falls noch nicht vorhanden, erstellen Sie ein neues Konto auf www.ifttt.com
2. Suchen Sie über das Lupen-Symbol oben nach “Alexa”
3. Wählen Sie den Service “Amazon Alexa”
4. Klicken Sie auf “Connect”
5. Sie werden zu Amazon weitergeleitet und müssen einmalig die Zugangsdaten Ihres Amazon Accounts hinterlegen, sowie den Service autorisieren
6. Je nach gewünschtem Applet sollten Sie noch einen weiteren Service autorisieren.
   In diesem Beispiel kommt noch Maker zum Einsatz.
   Suchen Sie also nach “Maker”
   und klicken Sie auf “Connect”

Tipp: Da IFTTT nahezu alle Rechte in Ihren Accounts benötigt, kann es beispielsweise bei Verwendung von Google-Services sinnvoll sein, einen neuen Account speziell für diesen Zweck anzulegen. Die von IFTTT erstellten Tabellen o.ä. können Sie dann einfach für Ihren “echten” Google-Account freigeben.

Nachdem alle für ein Applet benötigten Services mit IFTTT verbunden wurden, können Sie entweder auf die bereits vorhandenen Applets zurückgreifen, oder Sie erstellen sich ein eigenes Applet nach Ihren Bedürfnissen.

Vorhandenes Applet aktivieren

Applets, die von anderen Nutzern erstellt und freigegeben wurden, stehen allen IFTTT-Nutzern zur Verfügung. Diese müssen lediglich aktiviert - und um die zur Funktion notwendigen Konfigurationsdaten ergänzt werden.

1. Rufen Sie die Seite www.ifttt.com auf und klicken Sie oben links auf „Search“

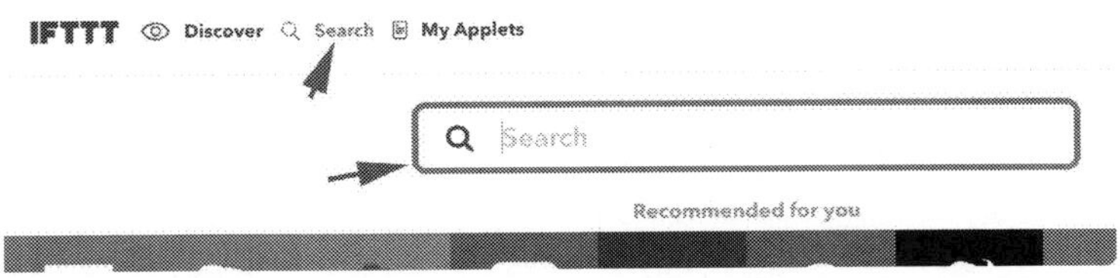

2. Geben Sie „Alexa“ ins Suchfeld ein und wählen Sie den Service „Amazon Alexa“ aus. Hier finden Sie alle verfügbaren Applets, die mit Alexa zusammenarbeiten

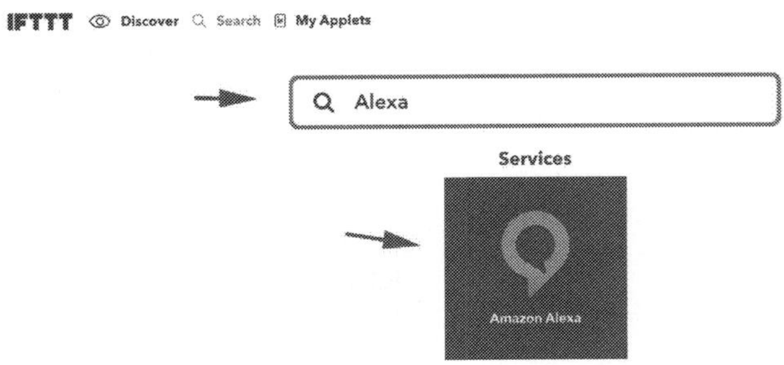

3. Wählen Sie ein Applet durch Anklicken aus – in diesem Beispiel verwenden Sie "Tell Alexa to email you your shopping list". Dieses Applet dient dazu, Ihnen die aktuelle Alexa-Einkaufsliste per Mail zuzusenden

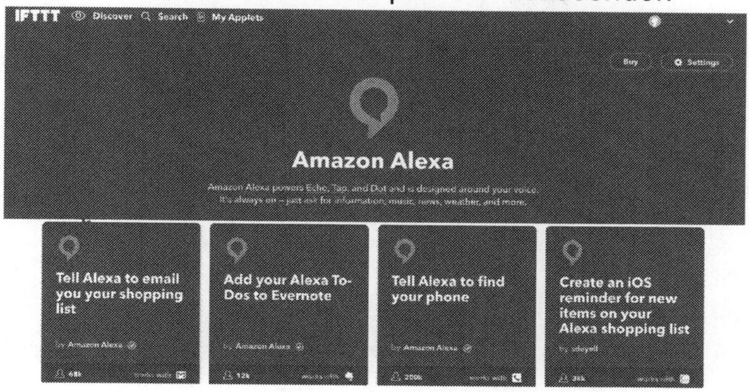

4. Schieben Sie den Schalter auf „Turn on" bis ein grüner Punkt erscheint

5. Tagen Sie im Feld „Your Email Address" die Empfängeradresse ein
6. Klicken Sie auf „Save"
7. Fragen sie nun „Alexa – Was steht auf meiner Einkaufsliste". Daraufhin werden alle Positionen nacheinander wiedergegeben und die Liste wird Ihnen per Mail zugesandt

Je nach Auslastung von IFTTT kann die Zustellung der Mail einen Augenblick dauern.

Tipp: Nachdem das Applet aktiviert wurde, erscheint es im Bereich „My Applets“. Bei jedem Applet in diesem Bereich haben Sie die Möglichkeit durch Anklicken des kleinen Zahnrad-Symbols weitere Optionen zu bearbeiten. Beispielsweise können Sie mehrere Empfänger hinzufügen oder den Mail-Betreff anpassen.

Eigenes Applet erstellen

In diesem Beispiel werden wir eine bereits vorhandene Devolo Home Control Steckdose mit Alexa ansteuern. Derzeit wird dies noch nicht durch einen Skill oder direkte integration unterstützt, daher bleibt nur der Weg über IFTTT.

1. Klicken Sie auf der Seite www.ifttt.com oben rechts auf Ihren Benutzernamen und wäheln Sie “New Applet”

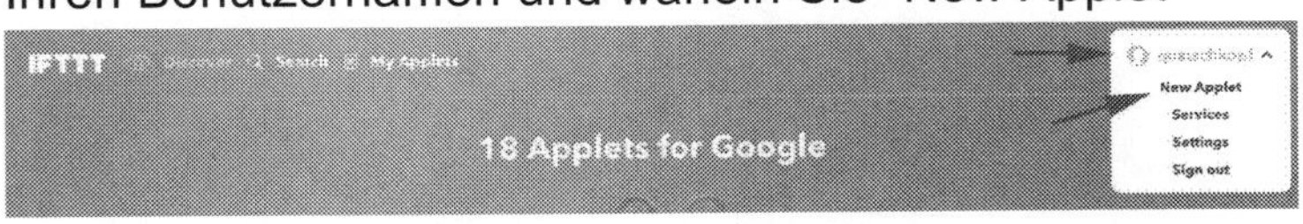

2. Eine neue Seite mit dem Text “if **+** this then that” erscheint, klicken Sie auf “**+** this”
3. Suchen Sie nach Alexa und wählen Sie “Amazon Alexa”

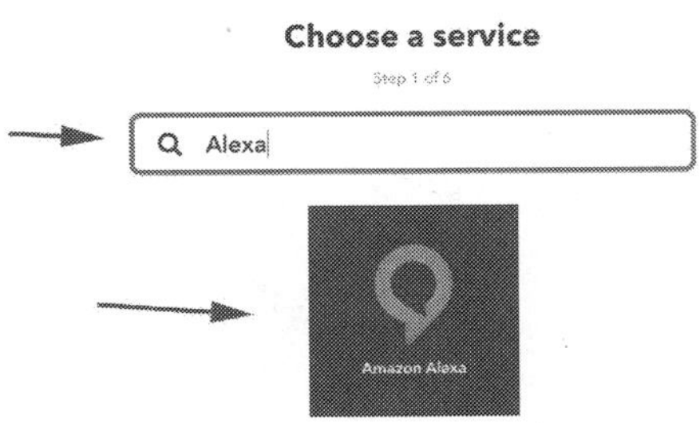

4. Klicken Sie auf die Box mit dem gewünschten Auslöser. In diesem Beispiel verwenden wir “Say a specific phrase”. Weitere Auslöser finden Sie unten

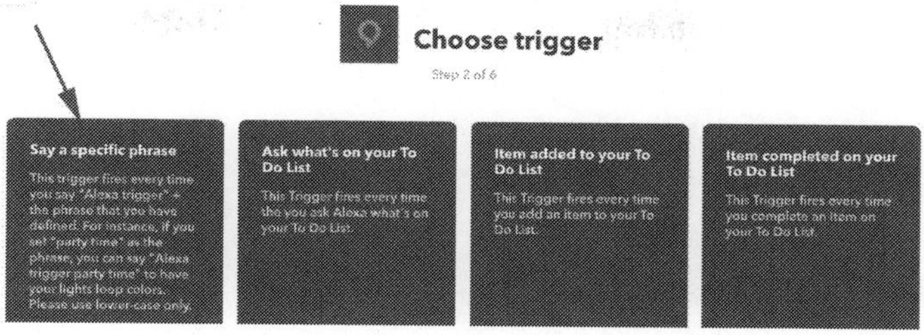

5. Tragen Sie bei “What phrase” das gewünschte Auslösewort ein. Hier verwenden wir zum Ausprobieren “wohnzimmerlampe”
6. Sie gelangen nun zurück zum Bildschirm aus Schritt 2. Klicken sie auf “**+** that”

7. Suchen Sie nach “Maker” und wählen Sie anschließend „Maker Webhooks“

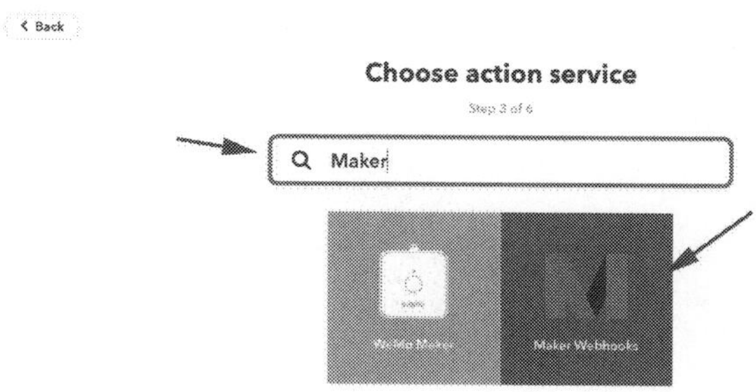

8. Im Folgenden klicken Sie auf die Box “Make a web request” Damit wird jedes Mal beim Auslösen der Aktion eine Web-Anfrage gestartet

9. Tragen Sie im Feld “URL” den Link ein, den Sie in Ihrem Devolo-Account abfrufen können. Sie finden den Link im Devolo-Portal unter “Einstellungen” > “Szenen-Freigabe”. Durch einen Klick auf “einrichten” lassen Sie sich den notwendigen Link zu einer von Ihnen erstellten Szene ausgeben
10. Das Feld “Method” belassen Sie auf “GET” und unter “Content Type” stellen Sie “application/json” ein
11. Speichern Sie die Einstellungen durch einen Klick auf “Create action”

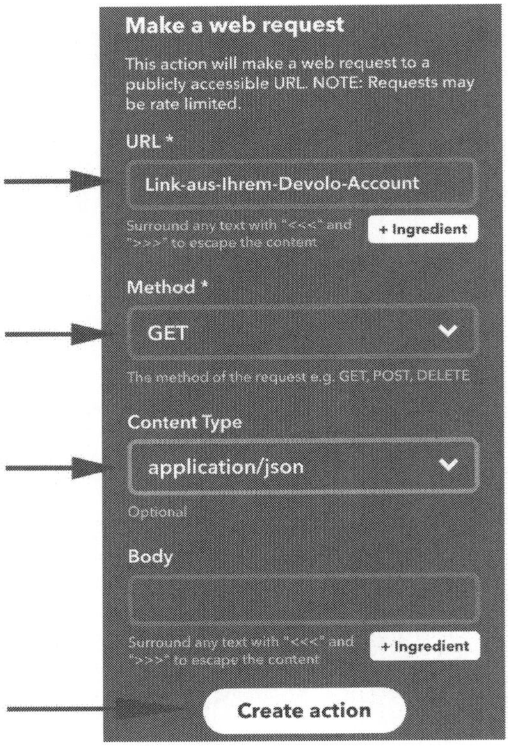

12. Überprüfen Sie auf der folgenden Seite Ihre getätigten Einstellungen erneut und speichern Sie das Applet danach mit einem Klick auf „Finish“ ab.

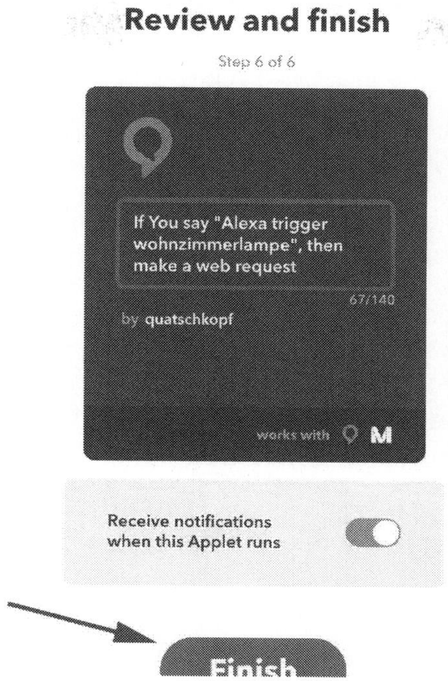

13. Testen Sie Ihr neues Applet, indem Sie sagen “Alexa - trigger wohnzimmerlampe”
Nun sollte die freigegebene Szene (hier das Einschalten der Steckdose) nach einer kurzen Verzögerung ausgeführt werden

Selbstverständlich können Sie dieses Applet auch nach Ihren Vorlieben anpassen. Es soll hauptsächlich dazu dienen, Ihnen die grundlegende Funktionsweise dieser Kombination zu erklären. Die Möglichkeiten für neue Applets sind nahezu unbegrenzt und werden permanent erweitert.

20 – Sprachaufzeichnungen verwalten

Die Steuerung des Echo-Lautsprechers erfolgt nahezu komplett mit Ihrer Stimme. Eine Auswertung der Spracheingabe direkt im Lautsprecher wäre technisch allerdings sehr aufwändig und würde den Preis des Echos um ein Vielfaches erhöhen. Daher ist es notwendig, dass Ihre Anweisungen aufzeichnet - und an den Amazon Server (Amazon Voice Service) gesendet werden. Darin inkludiert sind sowohl Eingaben zur Steuerung als auch Daten Ihrer Musikwiedergabe- und ToDo-Listen. In diesem Kapitel erfahren Sie, wann Sprache in die Cloud gesendet wird und wie sie diese Aufnahmen verwalten können.

Welche Daten werden aufgezeichnet?

Mithilfe der integrierten Stichworterkennung nimmt Ihr Echo das Aktivierungswort wahr und beginnt mit der Sprachaufzeichnung. Der Leuchtring am Gerät erstrahlt in blauer Farbe und signalisiert Ihnen, dass das Gerät derzeit Ihre Sprache in die Cloud sendet.
Technisch bedingt beinhaltet diese Aufzeichnung auch einen Sekundenbruchteil dessen, was Sie vor dem Aktivierungswort sagten. Die Aufzeichnung wird wieder beendet, nachdem Ihre Eingabe bearbeitet wurde.

Um zusätzlich zum blauen Licht auch akustisch über die Sprachaufzeichnung informiert zu werden, haben Sie die Möglichkeit, in den Einstellungen einen „Aktivierungston“ und einen „Endton“ festzulegen. Dieser erklingt nach dem Nennen des Aktivierungsworts und sobald die Audioübertragung beendet wurde.

Sie finden die Toneinstellungen in der App oder auf der Alexa-Website

1. Öffnen Sie im Seitenmenü den Punkt Einstellungen
2. Wählen Sie unter „Geräte“ den Namen Ihres Echos
3. Im Abschnitt „Allgemein“ finden sie „Töne und Benachrichtigungen“
4. Hier finden Sie je einen Schalter für die beiden Anfragetöne, die unabhängig voneinander aktiviert werden können.

Um bei vertraulichen Gesprächen sicherzustellen, dass keine Daten zu Amazon übermittelt werden, lässt sich das Mikrofon an allen Echo Geräten deaktivieren. Betätigen Sie dazu die Mikrofontaste oben auf dem Gerät. Sowohl der Leuchtring als auch die Mikrofontaste leuchten dann rot, bis sie die Mikrofontaste erneut drücken.

Tipp: Falls Sie eine Sprachfernbedienung besitzen wird diese auch bei deaktiviertem
Echo-Mikrofon weiterhin auf Ihre Eingaben reagieren.

Sprachaufzeichnungen erneut anhören

Alle Aufzeichnungen, die in die Cloud hochgeladen wurden, können Sie im Verlauf der Alexa-App bzw. auf der Website überprüfen und erneut anhören. Sie finden diese direkt auf der Startseite im Aktivitätsverlauf und können sie über das kleine „Play“-Zeichen erneut abspielen.
Neben dem Button zum Abspielen der Aufnahme finden Sie auch die zugehörige Transkription. Vereinzelt kann es vorkommen, dass Sie von Alexa nicht korrekt verstanden werden. Die aufgenommenen Fehler finden Sie dann auch in der Transkription wieder.

Bei wiederholten Verständigungsschwierigkeiten kann es sinnvoll sein, die Feedbackfunktion zu benutzen. Sie finden diese im Bereich „Hat Alexa das gemacht, was Sie wollten". Dort haben Sie die Möglichkeit durch wählen von „Ja" oder „Nein" eine Rückmeldung an Amazon zu senden. Der Amazon Voice Service lernt dadurch, Sie in Zukunft besser zu verstehen.

Einzelne Aufzeichnungen löschen

Die Spracherkennung verbessert sich stetig, je mehr Sie mit Ihrem Echo-Lautsprecher und Alexa interagieren. Dazu werden die abgespeicherten Aufzeichnungen analysiert und ausgewertet. Das Entfernen einzelner Aufnahmen kann dementsprechend einen negativen Effekt auf die Erkennung haben. Trotzdem kann es, z.B. zur Wahrung Ihrer Privatsphäre, sinnvoll sein, einzelne Aufnahmen zu löschen.

1. Rufen Sie die Alexa App oder Website auf
2. Navigieren Sie zum Punkt „Einstellungen" in der Seitenleiste
3. Rufen Sie im Bereich „Allgemeines" den Punkt „Verlauf" auf.
4. Nach dem Auswählen einer Aufnahme lässt sich diese über „Sprachaufnahmen löschen" entfernen

Tipp: Beim Löschen einer Sprachaufnahme aus dem Verlauf wird die zugehörige Aktivitäts-Karte vom Startbildschirm ebenfalls entfernt. Wenn Sie dagegen nur die Karte aus dem Startbildschirm löschen, bleibt die zugehörige Sprachaufnahme trotzdem gespeichert.

Alle Sprachaufzeichnungen löschen

Falls Sie alle Aufnahmen löschen möchten, ist dies über die Alexa App oder Website nur sehr umständlich und mit viel Zeitaufwand möglich. In diesem Fall bietet Amazon die Möglichkeit, alle Aufzeichnungen für ein bestimmtes Gerät online mit einem Klick zu entfernen. Bitte beachten Sie auch hier, dass die Erkennungsgenauigkeit von Alexa dadurch negativ beeinflusst wird.

1. Rufen Sie die Seite www.amazon.de/mycd auf
2. Navigieren Sie zum zweiten Reiter „Meine Geräte"
3. Wählen Sie auf das Gerät aus, von dem Sie die Aufzeichnungen löschen möchten
4. Klicken Sie auf „Sprachaufzeichnungen verwalten"
5. Bestätigen Sie das PopUp-Fenster mit „löschen"

21 - Die 55 witzigsten "Easter Egg"-Fragen an Alexa

Auch bei einem Sprachcomputer darf der Humor nicht fehlen und so hat Amazon Ihrer Alexa einige spaßige, lustige und verblüffende Antworten beigebracht. Probieren Sie es am besten einmal selbst aus:

Alexa, deine Mutter war ein Hamster.
Alexa, was ist die erste Regel des Fight Clubs?
Alexa, jodel mal.
Alexa, keine Panik.
Alexa, Erzähle einen Flachwitz.
Alexa, möchtest du einen Schneemann bauen?
Alexa, gibt es den Weihnachtsmann?
Alexa, der Winter naht.
Alexa, hast du einen Freund?
Alexa, was machst du in deiner Freizeit?
Alexa, kannst du niesen?
Alexa, kannst du Auto fahren?
Alexa, wo bist du?
Alexa, wer ist der Chef?
Alexa, frohe Ostern.
Alexa, hast du Haustiere?
Alexa, kannst du bügeln?
Alexa, wer ist der Mörder?
Alexa, wo ist Chuck Norris?

Alexa, mir ist langweilig.
Alexa, wie macht der Fuchs?
Alexa, Selbstzerstörung.
Alexa, was ist Pi?
Alexa, blöde Kuh.
Alexa, erzähl mir einen Zungenbrecher.
Alexa, mach den Abwasch.
Alexa, warum ist die Banane krumm?
Alexa, beam mich hoch.
Alexa, mach mir ein Sandwich.
Alexa, sein oder nicht sein.
Alexa, „hello, it's me".
Alexa, wie groß bist du?
Alexa, erzähl mir ein Gedicht.
Alexa, was denkst du über Apple?
Alexa, hast du einen Job?
Alexa, bist du böse?
Alexa, wo ist dein Körper?
Alexa, kannst du fluchen?
Alexa, kannst du singen?
Alexa, hast du Hunger?
Alexa, ich bin müde.
Alexa, ich habe eine Erkältung.
Alexa, hast du mich vermisst?
Alexa, hast du gut geschlafen?
Alexa, was soll ich heute anziehen?
Alexa, warum ist der Himmel blau?
Alexa, willst du mich verarschen?
Alexa, riechst du das?

Alexa, bist du da?
Alexa, hatschi!
Alexa, Test, 1, 2, 3
Alexa, sprichst du klingonisch?
Alexa, was sagt eine Katze?
Alexa, singe Happy Birthday.
Alexa, wer ist die Schönste im ganzen Land?

Falls sie Alexas Antworten noch immer nicht zufriedenstellen konnten, sagen Sie Ihr einfach direkt, was Sie Ihnen erzählen soll. Dies funktioniert mit: “Alexa, sprich mir nach [Ihr Text]”.

Für Fußballbegeisterte Nutzer hat Alexa auch die besten Fußballsprüche auf Lager. Mit „Alexa - gib mir einen Fußballspruch“ werden Sie bestimmt einige Klassiker zu hören bekommen.

22 - Nützliches Zubehör für Echo und Echo Dot

Trotz der erst sehr kurzen Verfügbarkeit der Geräte Echo und Echo Dot ist bereits einiges Zubehör verfügbar. Gegen Ende 2017 und bei einer deutlich größeren Marktdurchdringung sollten noch mehr Accessoires auf dem Markt erhältlich sein.

Akku für Echo zum mobilen Betrieb

Dieses Zubehör ist nahezu unverzichtbar, wenn Sie Ihr Gerät innerhalb der Wohnung flexibel einsetzen oder es im Sommer auf der Terrasse bzw. im Garten verwenden wollen.

Akku für Echo (1. Gen) schwarz: http://amzn.to/2k4N0v9
Akku für Echo (1. Gen) weiß: http://amzn.to/2jSzqIG

Akku für Echo Dot schwarz: http://amzn.to/2qfKRze

Der Echo Dot kann alternativ aufgrund seines microUSB-Anschlusses auch an jeder handelsüblichen Powerbank in Verbindung mit dem entsprechenden USB-Kabel betrieben werden.

Sprachfernbedienung
Wenn Sie sich häufig in größerer Entfernung zu Ihrem Echo bzw. Echo Dot befinden oder in lauten Umgebungen Probleme haben, dass Sie von Ihrem Lautsprecher verstanden werden, kann diese Sprachfernbedienung hilfreich sein. Das in der Fernbedienung integrierte Mikrofon nimmt Ihre Spachbefehle auf und leitet diese an den Echo weiter.

Amazon Sprachfernbedienung: http://amzn.to/2jqFI9b

Hüllen
Mit diesen Hüllen schützen Sie Ihren Echo oder Echo Dot und verleihen ihm zudem noch eine schönere Optik, die sich harmonisch in Ihren Wohnraum einfügt.

Hüllen für Echo (1. Gen): http://amzn.to/2k1mpi8
Hüllen für Echo Dot: http://amzn.to/2k4UNcb
Transporthülle für Echo (1. Gen): http://amzn.to/2w5FC4Y
Transporthülle für Echo Dot: http://amzn.to/2jSNq5f

Wandhalterungen
Falls kein geeigneter Platz zur Verfügung steht um den Echo der den Echo Dot aufzustellen, lassen sich die Geräte mit diesen Halterungen an einer Wand montieren.

Wandhalterung schwarz für Echo: http://amzn.to/2otVWKh
Wandhalterung schwarz für Echo Dot: http://amzn.to/2p2VxBs
Wandhalterung weiß für Echo Dot: http://amzn.to/2p2lPmy

23 - Problemlösungen

WLAN Verbindung nicht möglich

Stellen Sie sicher, dass Ihr Netzwerk einen der Standards 802.11a/b/g/n unterstützt.
Ad-Hoc-Netzwerke / HotSpots (P2P) wie sie Smartphones bereitstellen, können nicht verwendet werden.

Vergewissern Sie sich, dass Sie das korrekte WLAN Passwort eingegeben haben.

Überprüfen Sie, ob Ihre anderen WLAN Geräte (Handy, Tablet) auf das Netzwerk zugreifen können. Falls diese ebenfalls keine Verbindung aufbauen können, hilft eventuell ein Neustart des Routers.

Mithilfe der Betriebsanzeigen-LED an Ihrem Echo-Gerät können Sie sich ebenfalls über den aktuellen WLAN-Status informieren. Die LED finden Sie oberhalb des Stromsteckers auf der Rückseite des Geräts.

- Weißes Licht — Echo ist mit dem WLAN-Netzwerk verbunden
- Oranges Licht — Echo ist nicht mit dem WLAN-Netzwerk verbunden
- Oranges Blinklicht — Echo ist mit dem WLAN verbunden, kann aber nicht auf den Alexa Voice Service zugreifen

Sprachkommandos werden nicht verstanden

Der Alexa Sprachservice funktioniert nur, wenn eine WLAN- bzw Internet Verbindung besteht.

Stellen Sie Ihren Echo mindestens 20cm von Wänden, größeren Gegenständen oder Störquellen entfernt auf um Hall oder störende Geräusche zu minimieren.

Platzieren Sie das Gerät ungefähr auf Tischhöhe.

Gehen Sie dichter an das Gerät heran oder verwenden Sie die optional erhältliche Sprachfernbedienung.

Bedeutung der Farben des Lichtrings

- blau mit hellblauen, sich drehenden Lichtern
  Das Gerät wird gestartet
- blau mit hellblauen Lichtern in Richtung der sprechenden Person, die spricht
  Ihre Anfrage wird verarbeitet
- orangenes Licht, welches sich im Uhrzeigersinn dreht
  Echo verbindet sich mit ihrem WLAN-Netzwerk
- rotes Licht
  Die Mikrofone wurde stummgeschaltet. Drücken der Mikrofontaste auf der Oberseite, um sie wieder zu aktivieren
- weißes Licht
  Die Wiedergabelautstärke wird gerade angepasst
- Permanent oszillierendes, lila Licht
  Bei der Einrichtung des WLAN-Netzwerks ist ein Fehler aufgetreten
- Alle Lichter aus
  Ihr Gerät ist aktiv und wartet auf Ihr Kommando

Gerät auf Werkseinstellungen zurücksetzen

Echo und Echo Dot besitzen eine Reset-Taste auf der Unterseite des Geräts, die mithilfe einer Büroklammer oder einem anderen dünnen Gegenstand gedrückt werden kann. Beim Zurücksetzen werden alle Einstellungen auf dem Gerät gelöscht und es muss erneut mit dem WLAN verbunden werden. Halten Sie die Reset-Taste zum Zurücksetzen für 5 Sekunden gedrückt. Nachdem Sie die Taste wieder losgelassen haben, leuchtet der Lichtring oben am Gerät erst orange und dann blau. Warten Sie, noch, bis sich der Lichtring aus- und wieder eingeschaltet hat. Sobald der Ring orange leuchtet können Sie den Echo wie in Kapitel 2 beschrieben erneut einrichten.

10043069R00052

Printed in Germany
by Amazon Distribution
GmbH, Leipzig